Kolači i Slastice 2023

Uputstva za pripremu najukusnijih poslastica, od tradicionalnih do modernih recepata

Marinela Vukovića

Sadržaj

Uskrsni Bonnet kolač ... 14
Uskrsna Simnel torta ... 15
Torta dvanaeste noći ... 17
Kolač od jabuka u mikrovalnoj pećnici ... 18
Kolač od jabuka u mikrovalnoj pećnici ... 19
Kolač od jabuka i oraha u mikrovalnoj pećnici ... 20
Kolač od mrkve u mikrovalnoj ... 21
Kolač od mrkve, ananasa i oraha u mikrovalnoj pećnici ... 22
Kolači od mekinja začinjeni u mikrovalnoj pećnici ... 24
Kolač od sira od banane i marakuje u mikrovalnoj pećnici ... 25
Pečeni kolač od sira od naranče u mikrovalnoj ... 26
Kolač od sira od ananasa u mikrovalnoj pećnici ... 27
Štruca od trešanja i oraha u mikrovalnoj pećnici ... 28
Čokoladni kolač u mikrovalnoj pećnici ... 29
Čokoladni kolač od badema u mikrovalnoj pećnici ... 30
Dupli čokoladni kolačići u mikrovalnoj pećnici ... 32
Čokoladne pločice s datuljama u mikrovalnoj pećnici ... 33
Čokoladni kvadratići za mikrovalnu ... 34
Brzi kolač od kave u mikrovalnoj pećnici ... 36
Božićni kolač u mikrovalnoj pećnici ... 37
Torta od mrvica u mikrovalnoj ... 39
Trake datuma u mikrovalnoj pećnici ... 40
Kruh od smokava u mikrovalnoj pećnici ... 41
Flapjacks za mikrovalnu ... 42

Voćni kolač u mikrovalnoj pećnici 43

Voće i kokosovi kvadrati za mikrovalnu 44

Torta za pečenje u mikrovalnoj pećnici 45

Medenjaci za mikrovalnu 46

Pločice đumbira za mikrovalnu 47

Golden Cake u mikrovalnoj pećnici 48

Kolač od meda i lješnjaka u mikrovalnoj 49

Muesli pločice za žvakanje u mikrovalnoj pećnici 50

Torta od oraha u mikrovalnoj 51

Kolač od soka od naranče u mikrovalnoj pećnici 52

Mikrovalna Pavlova 53

Kolač u mikrovalnoj pećnici 54

Torta od jagoda u mikrovalnoj pećnici 55

Biskvit za mikrovalnu 56

Sultana barovi za mikrovalnu pećnicu 57

Čokoladni keksi u mikrovalnoj pećnici 58

Kolačići s kokosom u mikrovalnoj pećnici 59

Florentinci u mikrovalnoj pećnici 60

Keksi od lješnjaka i trešnje u mikrovalnoj pećnici 61

Sultana keksi za mikrovalnu 62

Kruh od banane u mikrovalnoj 63

Kruh sa sirom u mikrovalnoj pećnici 64

Štruca od oraha u mikrovalnoj pećnici 65

Amaretti torta bez pečenja 66

Američke hrskave rižine pločice 67

Kvadrati marelica 68

Švicarska torta od marelica 69

Kolači od lomljenog keksa 70

Kolač s mlaćenicom bez pečenja 71

Kriška kestena 72

Kesten biskvit 73

Pločice čokolade i badema 75

Čokoladni prhki kolač 76

Kvadrati od čokoladnih mrvica 77

Čokoladna torta hladnjak 78

Torta od čokolade i voća 79

Kvadratići čokolade i đumbira 80

Luksuzni kvadrati čokolade i đumbira 81

Čokoladni kolačići od meda 82

Čokoladni sloj torte 83

Lijepe čokoladne pločice 84

Čokoladni kvadratići pralina 85

Kokos Crunchies 86

Crunch pločice 87

Hrskavi kolačići od kokosa i grožđica 88

Kvadrati od kave i mlijeka 89

Voćni kolač bez pečenja 90

Voćni kvadrati 91

Pucketanje od voća i vlakana 92

Slojeviti kolač od nugata 93

Trgovi mlijeka i muškatnog oraščića 94

Muesli Crunch 96

Narančasti mousse kvadratići 97

Kvadratići od kikirikija 98

Pepermint karamel kolači 99

Kolačići od riže 100

Toffete od riže i čokolade 101

Pasta od badema 102

Pasta od badema bez šećera 103

Royal Icing 104

Glazura bez šećera 105

Zaleđivanje od fondanta 106

Glazura od maslaca 107

Glazura od čokoladnog maslaca 108

Glazura od maslaca od bijele čokolade 109

Glazura od maslaca od kave 110

Glazura od limunovog maslaca 111

Glazura od narančinog maslaca 112

Glazura od krem sira 113

Raženi kruh s pšeničnim klicama 114

Sally Lunn 115

Samos kruh 116

Baps sa sezamom 117

Predjelo od kiselog tijesta 118

Soda kruh 119

Kruh od kiselog tijesta 120

Kiflice od dizanog tijesta 121

Bečka štruca 122

Kruh od cjelovitog brašna 123

Integralni kruh s medom 124

Brze kiflice od integralnog brašna 125

Integralni kruh s orasima 126

Pletenica od badema 127

Brioši 129

Pleteni brioš 130

Brioši od jabuka 131

Brioši od tofua i orašastih plodova 133

Chelsea punđe 135

Peciva za kavu 137

Crème Fraîche kruh 138

Kroasani 139

Sultan kroasani od integralnog brašna 141

Šumske runde 143

Nutty Twist 144

Narančaste lepinje 146

Čokolada za bol 148

Pandolce 150

Panettone 152

Štruca s jabukama i datuljama 153

Jabuka i Sultan kruh 154

Iznenađenja od jabuke i cimeta 155

Čajni kruh od kajsije 157

Štruca od marelice i naranče 158

Štruca od marelice i oraha 159

Jesenska kruna 160

Štruca od banane 162

Integralni kruh od banane 163

Kruh od banane i orašastih plodova 164

Bara Brith	165
Peciva za kupanje	166
Štruca od trešnje i meda	167
Rolice s cimetom i muškatnim oraščićem	168
Kruh od brusnica	170
Štruca s datuljama i maslacem	171
Kruh od datulja i banana	173
Datulja i štruca od naranče	174
Kruh od datulja i oraha	175
Kruh od čaja od datulja	176
Štruca od datulja i oraha	177
Štruca od smokve	178
Smokva i marsala kruh	179
Rolice od meda i smokava	180
Hot Cross Buns	182
Lincolnshire kruh sa šljivama	184
London Buns	185
Irska seoska štruca	187
Sladna štruca	188
Sladna štruca od mekinja	189
Sladna štruca od integralnog brašna	190
Freda's Nut Loaf	191
Štruca s brazilskim oraščićima i datuljama	193
Panastan voćni kruh	195
Štruca od bundeve	197
Kruh s grožđicama	198
Namakanje grožđica	199

Kruh od rabarbare i datulja ... 200

Rižin kruh ... 201

Kruh s čajem od riže i orašastih plodova ... 202

Kovrčave šećerne rolice ... 204

Selkirk Bannock ... 206

Sultanka i kruh od rogača ... 207

Sultanija i Orange Loaf ... 208

Sultana i šeri kruh ... 210

Cottage Tea Bread ... 211

Čajni kolači ... 213

Pogačice od krumpira ... 214

Pogačice s grožđicama ... 215

Pogačice od melase ... 216

Pogačice od melase i đumbira ... 217

Sultanija pogačice ... 218

Pogačice s melasom od cjelovitog brašna ... 219

Kiflice s jogurtom ... 220

Pogačice sa sirom ... 221

Pogačice sa začinskim biljem od cjelovitog brašna ... 222

Salama i pogačice sa sirom ... 223

Pogačice od cjelovitog brašna ... 224

Barbadoški Conkies ... 225

Božićni keksi prženi u dubokom ulju ... 226

Kolači od kukuruznog brašna ... 227

Krumpete ... 228

krafne ... 229

Uštipci od krumpira ... 230

Naan kruh	231
Oat Bannocks	232
Štučići	233
Easy Drop Scones	234
Maple Drop Scones	235
Pogačice na roštilju	236
Pogačice s pečenim sirom	237
Posebne škotske palačinke	238
Voćne škotske palačinke	239
Narančaste škotske palačinke	240
Pjevanje Hinny	241
velški kolači	242
velške palačinke	243
Meksički začinjeni kukuruzni kruh	244
Švedski somun	245
Kruh od raži i kukuruza šećerca kuhan na pari	246
Kruh od kukuruza šećerca kuhan na pari	247
Chapatis od integralnog brašna	248
Puris od cjelovitog brašna	249
Keksići od badema	250
Badem kovrče	251
Koluti badema	252
Mediteranski bademi	253
Kolačići od badema i čokolade	254
Amiški keksi od voća i orašastih plodova	255
Keksi od anisa	256
Kolačići od banane, zobi i soka od naranče	257

Osnovni keksi 258

Hrskavi keksi od mekinja 259

Keksi od mekinja sa sezamom 260

Rakijski keksi s kimom 261

Brandy Snaps 262

Keksi s maslacem 263

Butterscotch keksi 264

Karamel keksi 265

Kolačići od mrkve i oraha 266

Keksi od mrkve i oraha s ledom od naranče 267

Keksi od višanja 269

Koluti trešnje i badema 270

Čokoladni keksi s maslacem 271

Rolice od čokolade i višanja 272

Čokoladni keksi 273

Kolačići od čokolade i banane 274

Zalogaji čokolade i oraha 275

Američki kolačići s komadićima čokolade 276

Čokoladne kreme 277

Kolačići od čokolade i lješnjaka 278

Keksi od čokolade i muškatnog oraščića 279

Keksići preliveni čokoladom 280

Sendvič keksi s kavom i čokoladom 281

Božićni keksići 283

Kokos keksi 284

Kukuruzni keksi s voćnom kremom 285

Cornish keksi 286

Keksi od cjelovitog brašna od ribiza 287

Sendvič keksi s datuljama 288

Digestivni keksi (Graham krekeri) 289

Uskrsni keksi 290

Firentinci 291

Čokoladni firentinci 292

Luksuzni čokoladni firentinci 293

Keksi s orašastim plodovima 294

Njemački ledeni keksi 295

Gingersnaps 296

Keksi od đumbira 297

Medenjaci 298

Keksi od đumbira od integralnog brašna 299

Keksi od đumbira i riže 300

Zlatni keksi 301

Keksi s lješnjacima 302

Hrskavi keksi s lješnjacima 303

Keksi od lješnjaka i badema 304

Medeni kolačići 305

Ratafije od meda 306

Keksi od meda i mlaćenice 307

Keksi s limunovim maslacem 308

Kolačići od limuna 309

Trenuci topljenja 310

Uskrsni Bonnet kolač

Za jednu tortu od 20 cm/8

75 g/3 oz/1/3 šalice muscovado šećera

3 jaja

75 g/3 oz/¾ šalice samodizajućeg (samodizajućeg) brašna

15 ml/1 žlica kakaa (nezaslađene čokolade) u prahu

15 ml/1 žlica tople vode

Za nadjev:
50 g/2 oz/¼ šalice maslaca ili margarina, omekšalog

75 g/3 oz/½ šalice šećera u prahu (slastičarskog), prosijanog

Za preljev:
100 g/4 oz/1 šalica obične (poluslatke) čokolade

25 g/1 oz/2 žlice maslaca ili margarina

Traka ili šećerno cvijeće (po izboru)

Pomiješajte šećer i jaja u zdjeli otpornoj na toplinu postavljenoj iznad posude s vodom koja lagano ključa. Nastavite tući dok smjesa ne postane gusta i kremasta. Ostavite da odstoji nekoliko minuta, zatim maknite s vatre i ponovno miksajte dok smjesa ne ostavi trag kad se makne pjenjača. Umiješajte brašno i kakao pa umiješajte vodu. Smjesu žlicom sipajte u podmazan i obložen kalup za torte (tepsiju) 20 cm/8 te namašćen i obložen kalup za torte 15 cm/6. Pecite u prethodno zagrijanoj pećnici na 200°C/400°F/plinska oznaka 6 15-20 minuta dok dobro ne naraste i postane čvrsto na dodir. Ostavite da se ohladi na rešetki.

Za nadjev umutite margarin i šećer u prahu. Koristite za sendvič manjeg kolača na većem.

Da biste napravili preljev, otopite čokoladu i maslac ili margarin u zdjeli otpornoj na toplinu postavljenoj iznad posude s vodom koja lagano ključa. Tortu žlicom mazati preljevom i namazati nožem umočenim u vruću vodu da bude potpuno prekriven. Ukrasite oko ruba vrpcom ili šećernim cvjetovima.

Uskrsna Simnel torta

Za jednu tortu od 20 cm/8

225 g/8 oz/1 šalica maslaca ili margarina, omekšalog

225 g/8 oz/1 šalica mekog smeđeg šećera

Naribana korica 1 limuna

4 jaja, istučena

225 g/8 oz/2 šalice glatkog (višenamjenskog) brašna

5 ml/1 žličica praška za pecivo

2,5 ml/½ žličice naribanog muškatnog oraščića

50 g/2 oz/½ šalice kukuruznog brašna (kukuruzni škrob)

100 g/4 oz/2/3 šalice sultanije (zlatne grožđice)

100 g/4 oz/2/3 šalice grožđica

75 g/3 oz/½ šalice ribiza

100 g/4 oz/½ šalice glacé (kandiranih) trešanja, nasjeckanih

25 g/1 oz/¼ šalice mljevenih badema

450 g/1 lb paste od badema

30 ml/2 žlice džema od marelica (sačuvati)

1 bjelanjak, tučen

Miksajte maslac ili margarin, šećer i koricu limuna dok ne postane blijedo i pjenasto. Postupno umiješajte jaja, zatim dodajte brašno, prašak za pecivo, muškatni oraščić i kukuruzno brašno. Umiješajte voće i bademe. Pola smjese žlicom stavite u podmazan i obložen duboki kalup za torte (tepsiju) veličine 20 cm/8. Pola paste od badema razvaljajte u krug veličine kolača i stavite na vrh smjese.

Napunite preostalom smjesom i pecite u prethodno zagrijanoj pećnici na 160°C/325°F/plinska oznaka 3 2-2½ sata dok ne porumene. Ostaviti da se ohladi u plehu. Kad se ohladi, okrenuti i zamotati u masni (voštani) papir. Čuvajte u hermetički zatvorenoj posudi do tri tjedna ako je moguće da sazrije.

Za završetak kolača premažite vrh džemom. Tri četvrtine preostale paste od badema razvaljajte na 20 cm/8 u krug, poravnajte rubove i stavite na tortu. Preostalu pastu od badema razvaljajte u 11 kuglica (da predstavljaju učenike bez Jude). Gornji dio kolača premažite umućenim bjelanjkom i složite kuglice po rubu kolača pa ih premažite bjelanjkom. Stavite pod vrući roštilj (broilere) na minutu ili tako nešto da malo porumene.

Torta dvanaeste noći

Za jednu tortu od 20 cm/8

225 g/8 oz/1 šalica maslaca ili margarina, omekšalog

225 g/8 oz/1 šalica mekog smeđeg šećera

4 jaja, istučena

225 g/8 oz/2 šalice glatkog (višenamjenskog) brašna

5 ml/1 žličica mljevene mješavine začina (pita od jabuka).

175 g/6 oz/1 šalica sultana (zlatne grožđice)

100 g/4 oz/2/3 šalice grožđica

75 g/3 oz/½ šalice ribiza

50 g/2 oz/¼ šalice glacé (ušećerenih) višanja

50 g/2 oz/1/3 šalice nasjeckane miješane (ušećerene) kore

30 ml/2 žlice mlijeka

12 svijeća za ukrašavanje

Miksajte maslac ili margarin i šećer dok ne postane blijedo i pjenasto. Postupno umiješajte jaja, zatim dodajte brašno, pomiješane začine, voće i koru te miješajte dok se dobro ne sjedini, po potrebi dodajte malo mlijeka da dobijete meku smjesu. Žlicom stavljajte u podmazan i obložen kalup za tortu (tepsiju) veličine 20 cm/8 i pecite u prethodno zagrijanoj pećnici na 180°C/350°F/plinska oznaka 4 2 sata dok ražanj umetnut u sredinu ne izađe čist. Napustiti

Kolač od jabuka u mikrovalnoj pećnici

Čini jedan kvadrat od 23 cm/9

100 g/4 oz/½ šalice maslaca ili margarina, omekšalog

100 g/4 oz/½ šalice mekog smeđeg šećera

30 ml/2 žlice zlatnog (svijetlog kukuruznog) sirupa

2 jaja, lagano tučena

225 g/8 oz/2 šalice samodizajućeg (samodizajućeg) brašna

10 ml/2 žličice mljevene mješavine začina (pita od jabuka).

120 ml/4 fl oz/½ šalice mlijeka

2 jabuke za kuhanje (tart), oguljene, očišćene od jezgre i tanko narezane

15 ml/1 žlica sitnog (superfinog) šećera

5 ml/1 žličica mljevenog cimeta

Kremasto izradite maslac ili margarin, smeđi šećer i sirup dok ne postane blijedo i pjenasto. Postupno umiješajte jaja. Umiješajte brašno i pomiješane začine, pa miješajte mlijekom dok ne dobijete meku smjesu. Umiješajte jabuke. Žlicom izlijte u podmazan i podlogom obložen kalup za mikrovalnu pećnicu veličine 23 cm/9 (cijevasta posuda) i stavite u mikrovalnu pećnicu na Medium 12 minuta dok ne postane čvrsta. Ostavite da odstoji 5 minuta, zatim ga okrenite naopako i pospite šećerom i cimetom.

Kolač od jabuka u mikrovalnoj pećnici

Za jednu tortu od 20 cm/8

100 g/4 oz/½ šalice maslaca ili margarina, omekšalog

175 g/6 oz/¾ šalice mekog smeđeg šećera

1 jaje, lagano tučeno

175 g/6 oz/1½ šalice glatkog (višenamjenskog) brašna

2,5 ml/½ žličice praška za pecivo

Prstohvat soli

2,5 ml/½ žličice mljevene pimente

1,5 ml/¼ žličice naribanog muškatnog oraščića

1,5 ml/¼ žličice mljevenih klinčića

300 ml/½ pt/1¼ šalice nezaslađenog pirea od jabuka (umak)

75 g/3 oz/½ šalice grožđica

Šećer u prahu (poslastičarski) za posipanje

Miksajte maslac ili margarin i smeđi šećer dok ne postane svijetlo i pjenasto. Postupno umiješajte jaje pa dodajte brašno, prašak za pecivo, sol i začine naizmjence s pireom od jabuka i grožđicama. Stavite žlicom u podmazanu i pobrašnjenu četvrtastu posudu za mikrovalnu pećnicu veličine 20 cm/8 i stavite u mikrovalnu pećnicu na visokoj razini 12 minuta. Ostavite da se ohladi u posudi, zatim izrežite na kvadrate i pospite šećerom u prahu.

Kolač od jabuka i oraha u mikrovalnoj pećnici

Za jednu tortu od 20 cm/8

175 g/6 oz/¾ šalice maslaca ili margarina, omekšalog

100 g/4 oz/½ šalice sitnog (superfinog) šećera

3 jaja, lagano tučena

30 ml/2 žlice zlatnog (svijetlog kukuruznog) sirupa

Naribana korica i sok od 1 limuna

175 g/6 oz/1½ šalice samodizajućeg (samodizajućeg) brašna

50 g/2 oz/½ šalice nasjeckanih oraha

1 jestiva (desertna) jabuka, oguljena, očišćena od jezgre i nasjeckana

100 g/4 oz/2/3 šalice (poslastičarskog) šećera u prahu

30 ml/2 žlice soka od limuna

15 ml/1 žlica vode

Polovice oraha za ukrašavanje

Miksajte maslac ili margarin i šećer dok ne postane svijetlo i pjenasto. Postupno dodajte jaja, zatim sirup, limunovu koricu i sok. Umiješajte brašno, nasjeckane orahe i jabuku. Stavite žlicom u podmazanu okruglu posudu za mikrovalnu pećnicu od 20 cm/8 i stavite u mikrovalnu pećnicu na visokoj razini 4 minute. Izvadite iz pećnice i prekrijte folijom. Ostaviti da se ohladi. Pomiješajte šećer u prahu s limunovim sokom i dovoljno vode da dobijete glatku glazuru (glazuru). Premažite tortu i ukrasite polovicama oraha.

Kolač od mrkve u mikrovalnoj

Za jednu tortu od 18 cm/7

100 g/4 oz/½ šalice maslaca ili margarina, omekšalog

100 g/4 oz/½ šalice mekog smeđeg šećera

2 jaja, istučena

Naribana korica i sok 1 naranče

2,5 ml/½ žličice mljevenog cimeta

Prstohvat naribanog muškatnog oraščića

100 g/4 oz mrkve, naribane

100 g/4 oz/1 šalica samodizajućeg (samodizajućeg) brašna

25 g/1 oz/¼ šalice mljevenih badema

25 g/1 oz/2 žlice sitnog (superfinog) šećera

Za preljev:

100 g/4 oz/½ šalice krem sira

50 g/2 oz/1/3 šalice šećera u prahu (slastičarskog), prosijanog

30 ml/2 žlice soka od limuna

Miksajte maslac i šećer dok ne postane svijetlo i pjenasto. Postupno umiješajte jaja pa umiješajte sok i koricu naranče, začine i mrkvu. Umiješajte brašno, bademe i šećer. Žlicom stavljajte u namašćenu i obloženu posudu za torte veličine 18 cm/7 i prekrijte prozirnom folijom (plastičnom folijom). Pecite u mikrovalnoj pećnici na visokoj razini 8 minuta dok ražanj umetnut u sredinu ne izađe čist. Uklonite prozirnu foliju i ostavite stajati 8 minuta prije nego što je okrenete na rešetku da se dovrši hlađenje. Umutiti sastojke za preljev, pa premazati preko ohlađenog kolača.

Kolač od mrkve, ananasa i oraha u mikrovalnoj pećnici

Za jednu tortu od 20 cm/8

225 g/8 oz/1 šalica sitnog (superfinog) šećera

2 jaja

120 ml/4 fl oz/½ šalice ulja

1,5 ml/¼ žličice soli

5 ml/1 žličica sode bikarbone (soda bikarbona)

100 g/4 oz/1 šalica samodizajućeg (samodizajućeg) brašna

5 ml/1 žličica mljevenog cimeta

175 g/6 oz mrkve, naribane

75 g/3 oz/¾ šalice nasjeckanih oraha

225 g/8 oz zdrobljenog ananasa s njegovim sokom

        Za glazuru (glazuru):
15 g/½ oz/1 žlica maslaca ili margarina

50 g/2 oz/¼ šalice krem sira

10 ml/2 žličice soka od limuna

Šećer u prahu (slastičarski), prosijani

Veliki prstenasti kalup (tepsiju) obložite papirom za pečenje. Pjenasto izmiješajte šećer, jaja i ulje. Lagano umiješajte suhe sastojke dok se dobro ne sjedine. Umiješajte preostale sastojke za kolač. Ulijte smjesu u pripremljeni kalup, stavite je na rešetku ili preokrenuti tanjur i stavite u mikrovalnu na High 13 minuta ili dok se ne stegne. Ostavite da odstoji 5 minuta, a zatim okrenite na rešetku da se ohladi.

U međuvremenu napravite glazuru. Stavite maslac ili margarin, krem sir i limunov sok u zdjelu i stavite mikrovalnu pećnicu na

Jaku temperaturu 30-40 sekundi. Postupno umiješajte dovoljno šećera u prahu da dobijete gustu smjesu i tucite dok ne postane pjenasto. Kada se kolač ohladi premažite glazurom.

Kolači od mekinja začinjeni u mikrovalnoj pećnici

Čini 15

75 g/3 oz/¾ šalice All Bran žitarica

250 ml/8 tečnih oz/1 šalica mlijeka

175 g/6 oz/1½ šalice glatkog (višenamjenskog) brašna

75 g/3 oz/1/3 šalice sitnog (superfinog) šećera

10 ml/2 žličice praška za pecivo

10 ml/2 žličice mljevene mješavine začina (pita od jabuka).

Prstohvat soli

60 ml/4 žlice zlatnog (svijetlog kukuruznog) sirupa

45 ml/3 žlice ulja

1 jaje, lagano tučeno

75 g/3 oz/½ šalice grožđica

15 ml/1 žlica naribane narančine korice

Namočite žitarice u mlijeku 10 minuta. Pomiješajte brašno, šećer, prašak za pecivo, miješane začine i sol, pa umiješajte u žitarice. Umiješajte sirup, ulje, jaje, grožđice i koricu naranče. Stavite žlicom u papirnate kutije (papir za kolače) i pecite u mikrovalnoj pećnici po pet kolača na visokoj razini 4 minute. Ponovite za preostale kolače.

Kolač od sira od banane i marakuje u mikrovalnoj pećnici

Za jednu tortu od 23 cm/9

100 g/4 oz/½ šalice maslaca ili margarina, otopljenog

175 g/6 oz/1½ šalice mrvica keksa od đumbira (kolačića)

250 g/9 oz/velika 1 šalica krem sira

175 ml/6 fl oz/¾ šalice kiselog (mliječnog kiselog) vrhnja

2 jaja, lagano tučena

100 g/4 oz/½ šalice sitnog (superfinog) šećera

Naribana korica i sok od 1 limuna

150 ml/¼ pt/2/3 šalice vrhnja za šlag

1 banana, narezana na ploške

1 marakuje, nasjeckana

Pomiješajte maslac ili margarin i biskvitne mrvice i utisnite u dno i stranice posude za pečenje u mikrovalnoj pećnici od 23 cm/9. Mikrovalna pećnica na visokoj razini 1 minutu. Ostaviti da se ohladi.

> Istucite svježi sir i kiselo vrhnje dok ne postane glatko, zatim umiješajte jaje, šećer te limunov sok i koricu. Žlicom stavite podlogu i ravnomjerno rasporedite. Kuhajte na srednjoj razini 8 minuta. Ostaviti da se ohladi.

Istucite čvrsti šlag pa ga rasporedite po kalupu. Po vrhu stavite kriške banane i žlicom pospite meso marakuje.

Pečeni kolač od sira od naranče u mikrovalnoj

Za jednu tortu od 20 cm/8

50 g/2 oz/¼ šalice maslaca ili margarina

12 digestivnih keksa (Graham krekeri), mljevenih

100 g/4 oz/½ šalice sitnog (superfinog) šećera

225 g/8 oz/1 šalica krem sira

2 jaja

30 ml/2 žlice koncentriranog soka od naranče

15 ml/1 žlica soka od limuna

150 ml/¼ pt/2/3 šalice kiselog (mliječnog kiselog) vrhnja

Prstohvat soli

1 naranča

30 ml/2 žlice džema od marelica (sačuvati)

150 ml/¼ pt/2/3 šalice dvostrukog (gustog) vrhnja

Rastopite maslac ili margarin u posudi za mikrovalnu pećnicu veličine 20 cm/8 na visokoj temperaturi 1 minutu. Umiješajte biskvitne mrvice i 25 g/1 oz/2 žlice šećera i pritisnite preko dna i stranica posude. Izmiksajte sir s preostalim šećerom i jajima, zatim umiješajte sok od naranče i limuna, kiselo vrhnje i sol. Stavite žlicom u kutiju (ljusku) i stavite u mikrovalnu pećnicu na 2 minute. Ostavite stajati 2 minute, a zatim stavite u mikrovalnu na najjaču još 2 minute. Ostavite stajati 1 minutu, a zatim stavite u mikrovalnu na 1 minutu. Ostaviti da se ohladi.

Ogulite naranču i oštrim nožem izvadite segmente iz opne. Otopite džem i premažite vrh kolača od sira. Umutiti šlag i zavući oko ruba kolača od sira pa ukrasiti djelićima naranče.

Kolač od sira od ananasa u mikrovalnoj pećnici

Za jednu tortu od 23 cm/9

100 g/4 oz/½ šalice maslaca ili margarina, otopljenog

175 g/6 oz/1½ šalice digestivnog keksa (Graham kreker) mrvica

250 g/9 oz/velika 1 šalica krem sira

2 jaja, lagano tučena

5 ml/1 žličica naribane limunove korice

30 ml/2 žlice soka od limuna

75 g/3 oz/1/3 šalice sitnog (superfinog) šećera

400 g/14 oz/1 velika konzerva ananasa, ocijeđenog i zgnječenog

150 ml/¼ pt/2/3 šalice dvostrukog (gustog) vrhnja

Pomiješajte maslac ili margarin i biskvitne mrvice i utisnite u dno i stranice posude za pečenje u mikrovalnoj pećnici od 23 cm/9. Mikrovalna pećnica na visokoj razini 1 minutu. Ostaviti da se ohladi.

> Krem sir, jaja, limunovu koricu i sok te šećer miješajte dok ne dobijete glatku smjesu. Umiješajte ananas i žlicom umiješajte u temeljac. Pecite u mikrovalnoj pećnici na srednjoj razini 6 minuta dok se ne stegne. Ostaviti da se ohladi.

Istucite vrhnje u čvrsti šlag, a zatim nanesite na tortu od sira.

Štruca od trešanja i oraha u mikrovalnoj pećnici

Za jednu štrucu od 900 g/2 lb

175 g/6 oz/¾ šalice maslaca ili margarina, omekšalog

175 g/6 oz/¾ šalice mekog smeđeg šećera

3 jaja, istučena

225 g/8 oz/2 šalice glatkog (višenamjenskog) brašna

10 ml/2 žličice praška za pecivo

Prstohvat soli

45 ml/3 žlice mlijeka

75 g/3 oz/1/3 šalice glacé (ušećerenih) višanja

75 g/3 oz/¾ šalice sjeckanih miješanih orašastih plodova

25 g/1 oz/3 žlice šećera u prahu (slastičarskog), prosijanog

Miksajte maslac ili margarin i smeđi šećer dok ne postane svijetlo i pjenasto. Postupno umiješajte jaja, zatim dodajte brašno, prašak za pecivo i sol. Umiješajte dovoljno mlijeka da dobijete meku smjesu, zatim umiješajte višnje i orahe. Žlicom stavljajte u podmazanu i obloženu posudu za mikrovalnu pećnicu od 900 g/2 lb i pospite šećerom. Pecite u mikrovalnoj pećnici na najjačoj razini 7 minuta. Ostavite stajati 5 minuta, a zatim preokrenite na rešetku da se ohladi.

Čokoladni kolač u mikrovalnoj pećnici

Za jednu tortu od 18 cm/7

225 g/8 oz/1 šalica maslaca ili margarina, omekšalog

175 g/6 oz/¾ šalice sitnog (superfinog) šećera

150 g/5 oz/1¼ šalice samodizajućeg (samodizajućeg) brašna

50 g/2 oz/¼ šalice kakaa (nezaslađene čokolade) u prahu

5 ml/1 žličica praška za pecivo

3 jaja, istučena

45 ml/3 žlice mlijeka

Pomiješajte sve sastojke i žlicom stavite u podmazanu i obloženu posudu za mikrovalnu pećnicu veličine 18 cm/7. Pecite u mikrovalnoj pećnici na visokoj razini 9 minuta dok ne postane čvrsta na dodir. Ostavite da se hladi u posudi 5 minuta, zatim preokrenite na rešetku da se ohladi.

Čokoladni kolač od badema u mikrovalnoj pećnici

Za jednu tortu od 20 cm/8

Za tortu:
100 g/4 oz/½ šalice maslaca ili margarina, omekšalog

100 g/4 oz/½ šalice sitnog (superfinog) šećera

2 jaja, lagano tučena

100 g/4 oz/1 šalica samodizajućeg (samodizajućeg) brašna

50 g/2 oz/½ šalice kakaa (nezaslađene čokolade) u prahu

50 g/2 oz/½ šalice mljevenih badema

150 ml/¼ pt/2/3 šalice mlijeka

60 ml/4 žlice zlatnog (svijetlog kukuruznog) sirupa

Za glazuru (glazuru):
100 g/4 oz/1 šalica obične (poluslatke) čokolade

25 g/1 oz/2 žlice maslaca ili margarina

8 cijelih badema

Da biste napravili kolač, umutite maslac ili margarin i šećer dok ne postane svijetlo i pjenasto. Postupno umiješajte jaja, zatim dodajte brašno i kakao, a zatim i mljevene bademe. Umiješajte mlijeko i sirup i tucite dok ne postane svijetlo i mekano. Stavite žlicom u posudu za mikrovalnu pećnicu od 20 cm/8 obloženu prozirnom folijom (plastičnom folijom) i stavite u mikrovalnu pećnicu na visokoj razini 4 minute. Izvadite iz pećnice, prekrijte vrh folijom i ostavite da se malo ohladi, a zatim preokrenite na rešetku da se ohladi.

Da biste napravili glazuru, otopite čokoladu i maslac ili margarin na jakoj temperaturi 2 minute. Dobro istucite. Bademe do pola umočite u čokoladu, a zatim ostavite da se stegne na komadu masnog (voštanog) papira. Preostalu glazuru prelijte preko torte i rasporedite po vrhu i sa strane. Ukrasite bademima i ostavite da se stegne.

Dupli čokoladni kolačići u mikrovalnoj pećnici

Čini 8

150 g/5 oz/1¼ šalice obične (poluslatke) čokolade, grubo nasjeckane

75 g/3 oz/1/3 šalice maslaca ili margarina

175 g/6 oz/¾ šalice mekog smeđeg šećera

2 jaja, lagano tučena

150 g/5 oz/1¼ šalice glatkog (višenamjenskog) brašna

2,5 ml/½ žličice praška za pecivo

2,5 ml/½ žličice esencije vanilije (ekstrakt)

30 ml/2 žlice mlijeka

Rastopite 50 g/2 oz/½ šalice čokolade s maslacem ili margarinom na visokoj temperaturi 2 minute. Umutite šećer i jaja, zatim umiješajte brašno, prašak za pecivo, aromu vanilije i mlijeko dok smjesa ne postane glatka. Stavite žlicom u podmazanu četvrtastu posudu za mikrovalnu pećnicu veličine 20 cm/8 i stavite u mikrovalnu pećnicu na visokoj razini 7 minuta. Ostavite da se ohladi u posudi 10 minuta. Preostalu čokoladu otopite na High 1 minutu, zatim premažite tortu po vrhu i ostavite da se ohladi. Izrežite na kvadrate.

Čokoladne pločice s datuljama u mikrovalnoj pećnici

Čini 8

50 g/2 oz/1/3 šalice datulja bez koštica, nasjeckanih

60 ml/4 žlice kipuće vode

65 g/2½ oz/1/3 šalice maslaca ili margarina, omekšalog

225 g/8 oz/1 šalica sitnog (superfinog) šećera

1 jaje

100 g/4 oz/1 šalica glatkog (višenamjenskog) brašna

10 ml/2 žličice kakaa (nezaslađene čokolade) u prahu

2,5 ml/½ žličice praška za pecivo

Prstohvat soli

25 g/1 oz/¼ šalice nasjeckanih miješanih orašastih plodova

100 g/4 oz/1 šalica obične (poluslatke) čokolade, sitno nasjeckane

Datulje pomiješajte s kipućom vodom i ostavite stajati dok se ne ohlade. Miksajte maslac ili margarin s pola šećera dok ne postane svijetlo i pjenasto. Postupno umiješati jaje pa naizmjenično dodavati brašno, kakao, prašak za pecivo i sol te smjesu od datulja. Žlicom stavljajte u namašćenu i pobrašnjenu četvrtastu posudu za mikrovalnu pećnicu veličine 20 cm/8. Preostali šećer pomiješajte s orasima i čokoladom i pospite po vrhu lagano pritiskajući. Pecite u mikrovalnoj pećnici na najjačoj razini 8 minuta. Ostavite da se ohladi u posudi prije rezanja na kvadrate.

Čokoladni kvadratići za mikrovalnu

Čini 16

Za tortu:

50 g/2 oz/¼ šalice maslaca ili margarina

5 ml/1 žličica sitnog (superfinog) šećera

75 g/3 oz/¾ šalice glatkog (višenamjenskog) brašna

1 žumanjak

15 ml/1 žlica vode

175 g/6 oz/1½ šalice obične (poluslatke) čokolade, naribane ili sitno nasjeckane

Za preljev:

50 g /2 oz/¼ šalice maslaca ili margarina

50 g/2 oz/¼ šalice sitnog (superfinog) šećera

1 jaje

2,5 ml/½ žličice esencije vanilije (ekstrakt)

100 g/4 oz/1 šalica nasjeckanih oraha

Za izradu kolača omekšali maslac ili margarin i izradite šećer, brašno, žumanjak i vodu. Ravnomjerno rasporedite smjesu u četvrtastu posudu za mikrovalnu pećnicu od 20 cm/8 i stavite je u mikrovalnu pećnicu na 2 minute. Pospite po čokoladi i stavite u mikrovalnu na Jaču 1 minutu. Ravnomjerno rasporedite po podlozi i ostavite dok se ne stvrdne.

Da biste napravili preljev, stavite maslac ili margarin u mikrovalnu na Jaku temperaturu 30 sekundi. Umiješajte preostale sastojke za preljev i premažite preko čokolade. Pecite u mikrovalnoj pećnici na najjačoj razini 5 minuta. Ostaviti da se ohladi pa rezati na kvadrate.

Brzi kolač od kave u mikrovalnoj pećnici

Za jednu tortu od 19 cm/7

Za tortu:

225 g/8 oz/1 šalica maslaca ili margarina, omekšalog

225 g/8 oz/1 šalica sitnog (superfinog) šećera

225 g/8 oz/2 šalice samodizajućeg (samodizajućeg) brašna

5 jaja

45 ml/3 žlice esencije kave (ekstrakt)

Za glazuru (glazuru):

30 ml/2 žlice esencije kave (ekstrakt)

175 g/6 oz/¾ šalice maslaca ili margarina

Šećer u prahu (slastičarski), prosijani

Polovice oraha za ukrašavanje

Pomiješajte sve sastojke za kolač dok se dobro ne sjedine. Podijelite u dvije posude za kolače od 19 cm/7 u mikrovalnoj pećnici i kuhajte svaku na visokoj temperaturi 5-6 minuta. Izvadite iz mikrovalne i ostavite da se ohladi.

Pomiješajte sastojke za glazuru, zasladite po ukusu šećerom u prahu. Kada se ohlade, kolače rasporedite u sendvič s polovicom glazure, a ostatak premažite po vrhu. Ukrasiti polovicama oraha.

Božićni kolač u mikrovalnoj pećnici

Za jednu tortu od 23 cm/9

150 g/5 oz/2/3 šalice maslaca ili margarina, omekšalog

150 g/5 oz/2/3 šalice mekog smeđeg šećera

3 jaja

30 ml/2 žlice crnog melase (melase)

225 g/8 oz/2 šalice samodizajućeg (samodizajućeg) brašna

10 ml/2 žličice mljevene mješavine začina (pita od jabuka).

2. 5 ml/½ žličice naribanog muškatnog oraščića

2,5 ml/½ žličice sode bikarbone (soda bikarbona)

450 g/1 lb/22/3 šalice miješanog suhog voća (mješavina za voćni kolač)

50 g/2 oz/¼ šalice glacé (ušećerenih) višanja

50 g/2 oz/1/3 šalice nasjeckane miješane kore

50 g/2 oz/½ šalice sjeckanih miješanih orašastih plodova

30 ml/2 žlice rakije

Dodatna rakija za odležavanje kolača (po želji)

Miksajte maslac ili margarin i šećer dok ne postane svijetlo i pjenasto. Postupno umiješajte jaja i melasu, zatim dodajte brašno, začine i sodu bikarbonu. Lagano umiješajte voće, pomiješane kore i orašaste plodove pa umiješajte brandy. Stavite žlicom u posudu za mikrovalnu pećnicu od 23 cm/9 obloženu dnom i stavite u mikrovalnu pećnicu na niskoj razini 45–60 minuta. Ostavite da se ohladi u posudi 15 minuta prije nego što je okrenete na rešetku da se dovrši hlađenje.

Kada se ohladi, kolač zamotajte u foliju i ostavite na hladnom i tamnom mjestu 2 tjedna. Po želji vrh torte nekoliko puta probušite tankim štapićem i poškropite s malo rakije, zatim ponovno zamotajte i spremite tortu. To možete učiniti nekoliko puta kako bi kolač bio bogatiji.

Torta od mrvica u mikrovalnoj

Za jednu tortu od 20 cm/8

300 g/10 oz/1¼ šalice sitnog (vrlo finog) šećera

225 g/8 oz/2 šalice glatkog (višenamjenskog) brašna

10 ml/2 žličice praška za pecivo

5 ml/1 žličica mljevenog cimeta

100 g/4 oz/½ šalice maslaca ili margarina, omekšalog

2 jaja, lagano tučena

100 ml/3½ tečne oz/6½ žlice mlijeka

Pomiješajte šećer, brašno, prašak za pecivo i cimet. Razradite maslac ili margarin pa četvrtinu smjese odvojite. Pomiješajte jaja i mlijeko i umiješajte u veći dio smjese za kolače. Žlicom izlijte smjesu u podmazanu i pobrašnjenu posudu za mikrovalnu pećnicu veličine 20 cm/8 i pospite ostavljenom smjesom za mrvljenje. Pecite u mikrovalnoj pećnici na najjačoj razini 10 minuta. Ostavite da se ohladi u posudi.

Trake datuma u mikrovalnoj pećnici

Čini 12

150 g/5 oz/1¼ šalice samodizajućeg (samodizajućeg) brašna

175 g/6 oz/¾ šalice sitnog (superfinog) šećera

100 g/4 oz/1 šalica osušenog (naribanog) kokosa

100 g/4 oz/2/3 šalice datulja bez koštica, nasjeckanih

50 g/2 oz/½ šalice sjeckanih miješanih orašastih plodova

100 g/4 oz/½ šalice maslaca ili margarina, otopljenog

1 jaje, lagano tučeno

Šećer u prahu (slastičarski) za posipanje

Pomiješajte suhe sastojke. Umiješajte maslac ili margarin i jaje pa zamijesite čvrsto tijesto. Utisnite u dno četvrtaste posude za mikrovalnu pećnicu od 20 cm/8 i stavite u mikrovalnu pećnicu na Medium 8 minuta dok se ne stegne. Ostavite u posudi 10 minuta, zatim narežite na štanglice i prevrnite na rešetku da se do kraja ohlade.

Kruh od smokava u mikrovalnoj pećnici

Za jednu štrucu od 675 g/1½ lb

100 g/4 oz/2 šalice mekinja

50 g/2 oz/¼ šalice mekog smeđeg šećera

45 ml/3 žlice bistrog meda

100 g/4 oz/2/3 šalice suhih smokava, nasjeckanih

50 g/2 oz/½ šalice nasjeckanih lješnjaka

300 ml/½ pt/1¼ šalice mlijeka

100 g/4 oz/1 šalica integralnog (cjelovitog) brašna

10 ml/2 žličice praška za pecivo

Prstohvat soli

Zamijesite sve sastojke u čvrsto tijesto. Oblikujte posudu za pečenje u mikrovalnoj pećnici i poravnajte površinu. Kuhajte na jakoj 7 minuta. Ostavite da se hladi u posudi 10 minuta, zatim preokrenite na rešetku da se ohladi.

Flapjacks za mikrovalnu

Čini 24

175 g/6 oz/¾ šalice maslaca ili margarina, omekšalog

50 g/2 oz/¼ šalice sitnog (superfinog) šećera

50 g/2 oz/¼ šalice mekog smeđeg šećera

90 ml/6 žlica zlatnog (svijetlog kukuruznog) sirupa

Prstohvat soli

275 g/10 oz/2½ šalice valjane zobi

Pomiješajte maslac ili margarin i šećere u velikoj zdjeli i kuhajte na jakoj 1 minutu. Dodajte preostale sastojke i dobro promiješajte. Žlicom stavite smjesu u podmazanu posudu za mikrovalnu pećnicu od 18 cm/7 i lagano pritisnite. Kuhajte na jakoj 5 minuta. Ostaviti da se malo prohladi, pa rezati na kvadrate.

Voćni kolač u mikrovalnoj pećnici

Za jednu tortu od 18 cm/7

175 g/6 oz/¾ šalice maslaca ili margarina, omekšalog

175 g/6 oz/¾ šalice sitnog (superfinog) šećera

Naribana korica 1 limuna

3 jaja, istučena

225 g/8 oz/2 šalice glatkog (višenamjenskog) brašna

5 ml/1 žličica mljevene mješavine začina (pita od jabuka).

225 g/8 oz/11/3 šalice grožđica

225 g/8 oz/11/3 šalice sultanki (zlatne grožđice)

50 g/2 oz/¼ šalice glacé (ušećerenih) višanja

50 g/2 oz/½ šalice sjeckanih miješanih orašastih plodova

15 ml/1 žlica zlatnog (svijetlog kukuruznog) sirupa

45 ml/3 žlice rakije

Miksajte maslac ili margarin i šećer dok ne postane svijetlo i pjenasto. Umiješajte limunovu koricu, pa postupno umiješajte jaja. Dodati brašno i pomiješane začine, pa umiješati preostale sastojke. Stavite žlicom u podmazanu i obloženu okruglu posudu za mikrovalnu pećnicu 18 cm/7 i stavite u mikrovalnu pećnicu na niskoj razini 35 minuta dok ražnjić umetnut u sredinu ne izađe čist. Ostavite da se hladi u posudi 10 minuta, zatim preokrenite na rešetku da se ohladi.

Voće i kokosovi kvadrati za mikrovalnu

Čini 8

50 g/2 oz/¼ šalice maslaca ili margarina

9 digestivnih keksa (Graham krekeri), zdrobljenih

50 g/2 oz/½ šalice osušenog (naribanog) kokosa

100 g/4 oz/2/3 šalice nasjeckane miješane (ušećerene) kore

50 g/2 oz/1/3 šalice datulja bez koštica, nasjeckanih

15 ml/1 žlica glatkog (višenamjenskog) brašna

25 g/1 oz/2 žlice glacé (kandiranih) trešanja, nasjeckanih

100 g/4 oz/1 šalica nasjeckanih oraha

150 ml/¼ pt/2/3 šalice kondenziranog mlijeka

Otopite maslac ili margarin u četvrtastoj posudi za mikrovalnu pećnicu od 20 cm/8 na visokoj temperaturi 40 sekundi. Umiješajte biskvitne mrvice i ravnomjerno rasporedite po dnu posude. Pospite kokosom, pa izmiksanom korom. Datulje pomiješajte s brašnom, višnjama i orasima i pospite po vrhu, pa prelijte mlijekom. Pecite u mikrovalnoj pećnici na najjačoj razini 8 minuta. Ostaviti da se ohladi u tepsiji pa iseći na kvadrate.

Torta za pečenje u mikrovalnoj pećnici

Za jednu tortu od 20 cm/8

150 g/5 oz/1¼ šalice glatkog (višenamjenskog) brašna

5 ml/1 žličica praška za pecivo

Prstohvat sode bikarbone (soda bikarbona)

Prstohvat soli

300 g/10 oz/1¼ šalice sitnog (vrlo finog) šećera

50 g/2 oz/¼ šalice maslaca ili margarina, omekšalog

250 ml/8 tečnih oz/1 šalica mlijeka

Nekoliko kapi esencije vanilije (ekstrakt)

1 jaje

100 g/4 oz/1 šalica obične (poluslatke) čokolade, nasjeckane

50 g /2 oz/½ šalice sjeckanih miješanih orašastih plodova

Glazura od čokoladnog maslaca

Pomiješajte brašno, prašak za pecivo, sodu bikarbonu i sol. Umiješajte šećer, zatim umutite maslac ili margarin, mlijeko i aromu vanilije dok ne postane glatko. Umutiti jaje. Tri četvrtine čokolade stavite u mikrovalnu na Jaču 2 minute dok se ne otopi, zatim umiješajte u smjesu za kolač dok ne postane kremasta. Umiješajte orahe. Žlicom rasporedite smjesu u dvije podmazane i pobrašnjene posude 20 cm/8 u mikrovalnu pećnicu i svaku zasebno pecite u mikrovalnoj pećnici 8 minuta. Izvadite iz pećnice, pokrijte folijom i ostavite da se hladi 10 minuta, zatim preokrenite na rešetku da se ohladi. Sendvič zajedno s polovicom glazure od maslaca (glazura), zatim rasporedite preostalu glazuru po vrhu i ukrasite ostavljenom čokoladom.

Medenjaci za mikrovalnu

Za jednu tortu od 20 cm/8

50 g/2 oz/¼ šalice maslaca ili margarina

75 g/3 oz/¼ šalice crnog melase (melase)

15 ml/1 žlica sitnog (superfinog) šećera

100 g/4 oz/1 šalica glatkog (višenamjenskog) brašna

5 ml/1 žličica mljevenog đumbira

2,5 ml/½ žličice mljevene mješavine začina (pita od jabuka).

2,5 ml/½ žličice sode bikarbone (soda bikarbona)

1 jaje, tučeno

Stavite maslac ili margarin u zdjelu i stavite u mikrovalnu pećnicu na Jaku temperaturu 30 sekundi. Umiješajte melasu i šećer i stavite u mikrovalnu na Jaku 1 minutu. Umiješajte brašno, začine i sodu bikarbonu. Umutiti jaje. Žlicom izlijte smjesu u podmazanu posudu od 1,5 litara/2½ pinte/6 šalica i stavite u mikrovalnu pećnicu na visokoj razini 4 minute. Ohladite u posudi 5 minuta, zatim preokrenite na rešetku da se dovrši hlađenje.

Pločice đumbira za mikrovalnu

Čini 12

Za tortu:

150 g/5 oz/2/3 šalice maslaca ili margarina, omekšalog

50 g/2 oz/¼ šalice sitnog (superfinog) šećera

100 g/4 oz/1 šalica glatkog (višenamjenskog) brašna

2,5 ml/½ žličice praška za pecivo

5 ml/1 žličica mljevenog đumbira

Za preljev:

15 g/½ oz/1 žlica maslaca ili margarina

15 ml/1 žlica zlatnog (svijetlog kukuruznog) sirupa

Nekoliko kapi esencije vanilije (ekstrakt)

5 ml/1 žličica mljevenog đumbira

50 g/2 oz/1/3 šalice (poslastičarskog) šećera u prahu

Da biste napravili kolač, umutite maslac ili margarin i šećer dok ne postane svijetlo i pjenasto. Umiješajte brašno, prašak za pecivo i đumbir te zamijesite glatko tijesto. Utisnite u četvrtastu posudu za mikrovalnu pećnicu od 20 cm/8 i stavite u mikrovalnu na Srednju 6 minuta dok se ne stegne.

Za preljev otopite maslac ili margarin i sirupirajte. Umiješajte aromu vanilije, đumbir i šećer u prahu i miksajte dok ne postane gusto. Ravnomjerno rasporedite po toplom kolaču. Ostaviti da se ohladi u posudi, pa rezati na štanglice ili kvadrate.

Golden Cake u mikrovalnoj pećnici

Za jednu tortu od 20 cm/8

Za tortu:

100 g/4 oz/½ šalice maslaca ili margarina, omekšalog

100 g/4 oz/½ šalice sitnog (superfinog) šećera

2 jaja, lagano tučena

Nekoliko kapi esencije vanilije (ekstrakt)

225 g/8 oz/2 šalice glatkog (višenamjenskog) brašna

10 ml/2 žličice praška za pecivo

Prstohvat soli

60 ml/4 žlice mlijeka

Za glazuru (glazuru):

50 g/2 oz/¼ šalice maslaca ili margarina, omekšalog

100 g/4 oz/2/3 šalice (poslastičarskog) šećera u prahu

Nekoliko kapi esencije vanilije (ekstrakt) (po želji)

Za izradu kolača, umutite maslac ili margarin i šećer dok ne postane svijetlo i pjenasto. Postupno umiješajte jaja, zatim dodajte brašno, prašak za pecivo i sol. Umiješajte dovoljno mlijeka da dobijete meku, padajuću konzistenciju. Žlicom podijelite u dvije podmazane i pobrašnjene posude 20 cm/8 u mikrovalnu pećnicu i pecite svaki kolač zasebno na Jakoj 6 minuta. Izvadite iz pećnice, pokrijte folijom i ostavite da se hladi 5 minuta, zatim preokrenite na rešetku da se ohladi.

Da biste napravili glazuru, tucite maslac ili margarin dok ne omekšaju, zatim umiješajte šećer u prahu i aromu vanilije, ako želite. Položite kolače u sendvič s polovicom glazure, a zatim rasporedite ostatak po vrhu.

Kolač od meda i lješnjaka u mikrovalnoj

Za jednu tortu od 18 cm/7

150 g/5 oz/2/3 šalice maslaca ili margarina, omekšalog

100 g/4 oz/½ šalice mekog smeđeg šećera

45 ml/3 žlice bistrog meda

3 jaja, istučena

225 g/8 oz/2 šalice samodizajućeg (samodizajućeg) brašna

100 g/4 oz/1 šalica mljevenih lješnjaka

45 ml/3 žlice mlijeka

Glazura od maslaca

Pomiješajte maslac ili margarin, šećer i med dok ne postane svijetlo i pjenasto. Postupno umiješajte jaja, zatim dodajte brašno i lješnjake te toliko mlijeka da dobijete meku smjesu. Stavite žlicom u mikrovalnu posudu od 18 cm/7 i kuhajte na srednjoj razini 7 minuta. Ostavite da se hladi u posudi 5 minuta, zatim preokrenite na rešetku da se ohladi. Prerežite tortu vodoravno na pola, a zatim je prelijte glazurom od maslaca (glazurom).

Muesli pločice za žvakanje u mikrovalnoj pećnici

Čini oko 10

100 g/4 oz/½ šalice maslaca ili margarina

175 g/6 oz/½ šalice bistrog meda

50 g/2 oz/1/3 šalice gotovih suhih marelica, nasjeckanih

50 g/2 oz/1/3 šalice datulja bez koštica, nasjeckanih

75 g/3 oz/¾ šalice sjeckanih miješanih orašastih plodova

100 g/4 oz/1 šalica valjane zobi

100 g/4 oz/½ šalice mekog smeđeg šećera

1 jaje, tučeno

25 g/1 oz/2 žlice samodizajućeg (samodizajućeg) brašna

Stavite maslac ili margarin i med u zdjelu i kuhajte na visokoj temperaturi 2 minute. Umiješajte sve preostale sastojke. Stavite žlicom u lim za pečenje veličine 20 cm/8 u mikrovalnoj pećnici i pecite u mikrovalnoj pećnici na visokoj razini 8 minuta. Ostavite da se malo prohladi, pa narežite na kockice ili ploške.

Torta od oraha u mikrovalnoj

Za jednu tortu od 20 cm/8

150 g/5 oz/1¼ šalice glatkog (višenamjenskog) brašna

Prstohvat soli

5 ml/1 žličica mljevenog cimeta

75 g/3 oz/1/3 šalice mekog smeđeg šećera

75 g/3 oz/1/3 šalice sitnog (superfinog) šećera

75 ml/5 žlica ulja

25 g/1 oz/¼ šalice nasjeckanih oraha

5 ml/1 žličica praška za pecivo

2,5 ml/½ žličice sode bikarbone (soda bikarbona)

1 jaje

150 ml/¼ pt/2/3 šalice kiselog mlijeka

Pomiješajte brašno, sol i pola cimeta. Umiješajte šećere, zatim tucite ulje dok se dobro ne sjedini. Izvadite 90 ml/6 žlica smjese i umiješajte u orahe i preostali cimet. U glavninu smjese dodajte prašak za pecivo, sodu bikarbonu, jaje i mlijeko te miješajte dok ne dobijete glatku smjesu. Žlicom stavite glavnu smjesu u namašćenu i pobrašnjenu posudu za mikrovalnu pećnicu veličine 20 cm/8 i po vrhu pospite smjesu orašastih plodova. Pecite u mikrovalnoj pećnici na najjačoj razini 8 minuta. Ostavite da se ohladi u posudi 10 minuta i poslužite toplo.

Kolač od soka od naranče u mikrovalnoj pećnici

Za jednu tortu od 20 cm/8

250 g/9 oz/2¼ šalice glatkog (višenamjenskog) brašna

225 g/8 oz/1 šalica granuliranog šećera

15 ml/1 žlica praška za pecivo

2,5 ml/½ žličice soli

60 ml/4 žlice ulja

250 ml/8 tečnih oz/2 šalice soka od naranče

2 jaja, odvojena

100 g/4 oz/½ šalice sitnog (superfinog) šećera

Glazura od narančinog maslaca

Glacé glazura od naranče

Pomiješajte brašno, granulirani šećer, prašak za pecivo, sol, ulje i pola soka od naranče i tucite dok se dobro ne sjedini. Tucite žumanjke i preostali sok od naranče dok ne postanu svijetli i mekani. Od bjelanjaka umutite čvrsti snijeg, zatim dodajte pola šećera i tucite dok ne postane čvrst i sjajan. Umiješajte preostali šećer, pa bjelanjke umiješajte u smjesu za kolače. Žlicom razdijelite u dvije podmazane i pobrašnjene posude veličine 20 cm/8 u mikrovalnu pećnicu i svaku zasebno pecite u mikrovalnoj pećnici na visokoj razini 6-8 minuta. Izvadite iz pećnice, pokrijte folijom i ostavite da se hladi 5 minuta, zatim preokrenite na rešetku da se ohladi. Položite kolače zajedno s glazurom od narančinog maslaca (glazurom) i premažite glazurom od naranče po vrhu.

Mikrovalna Pavlova

Za jednu tortu od 23 cm/9

4 bjelanjka

225 g/8 oz/1 šalica sitnog (superfinog) šećera

2,5 ml/½ žličice esencije vanilije (ekstrakt)

Nekoliko kapi vinskog octa

150 ml/¼ pt/2/3 šalice vrhnja za šlag

1 kivi, narezan na kriške

100 g/4 oz jagoda, narezanih na kriške

Tucite bjelanjke dok ne dobiju mekane vrhove. Pospite pola šećera i dobro umutite. Postupno dodajte ostatak šećera, aromu vanilije i ocat te miksajte dok se ne otopi. Žlicom izlijte smjesu u krug od 23 cm/9 na papiru za pečenje. Pecite u mikrovalnoj pećnici na visokoj razini 2 minute. Ostavite da odstoji u mikrovalnoj pećnici s otvorenim vratima 10 minuta. Izvadite iz pećnice, otkinite podlogu i ostavite da se ohladi. Istucite čvrsti šlag i rasporedite ga po vrhu meringue. Po vrhu atraktivno rasporedite voće.

Kolač u mikrovalnoj pećnici

Za jednu tortu od 20 cm/8

225 g/8 oz/2 šalice glatkog (višenamjenskog) brašna

15 ml/1 žlica praška za pecivo

50 g/2 oz/¼ šalice sitnog (superfinog) šećera

100 g/4 oz/½ šalice maslaca ili margarina

75 ml/5 žlica jednostruke (lagane) kreme

1 jaje

Pomiješajte brašno, prašak za pecivo i šećer, pa utrljajte maslac ili margarin dok smjesa ne bude poput krušnih mrvica. Pomiješajte vrhnje i jaje, zatim umiješajte u smjesu brašna dok ne dobijete mekano tijesto. Utisnite u podmazanu posudu za mikrovalnu pećnicu od 20 cm/8 i stavite u mikrovalnu pećnicu na 6 minuta. Ostavite stajati 4 minute, zatim ga okrenite i dovršite hlađenje na rešetki.

Torta od jagoda u mikrovalnoj pećnici

Za jednu tortu od 20 cm/8

900 g/2 lb jagoda, debelo narezanih

225 g/8 oz/1 šalica sitnog (superfinog) šećera

225 g/8 oz/2 šalice glatkog (višenamjenskog) brašna

15 ml/1 žlica praška za pecivo

175 g/6 oz/¾ šalice maslaca ili margarina

75 ml/5 žlica jednostruke (lagane) kreme

1 jaje

150 ml/¼ pt/2/3 šalice dvostrukog (gustog) vrhnja, tučenog

Pomiješajte jagode sa 175 g/6 oz/¾ šalice šećera, a zatim ih ohladite najmanje 1 sat.

Pomiješajte brašno, prašak za pecivo i preostali šećer, zatim utrljajte 100 g / 4 oz / ½ šalice maslaca ili margarina dok smjesa ne nalikuje krušnim mrvicama. Pomiješajte vrhnje i jaje, zatim umiješajte u smjesu brašna dok ne dobijete mekano tijesto. Utisnite u podmazanu posudu za mikrovalnu pećnicu od 20 cm/8 i stavite u mikrovalnu pećnicu na 6 minuta. Ostavite stajati 4 minute, zatim okrenite i razdvojite po sredini dok je još toplo. Ostaviti da se ohladi.

Obje izrezane površine namažite preostalim maslacem ili margarinom. Preko podloge premažite trećinu šlaga, pa prekrijte s tri četvrtine jagoda. Prelijte još jednom trećinom kreme, a zatim na vrh stavite drugu tortu. Prelijte preostalim vrhnjem i jagodama.

Biskvit za mikrovalnu

Za jednu tortu od 18 cm/7

150 g/5 oz/1¼ šalice samodizajućeg (samodizajućeg) brašna

100 g/4 oz/½ šalice maslaca ili margarina

100 g/4 oz/½ šalice sitnog (superfinog) šećera

2 jaja

30 ml/2 žlice mlijeka

Pomiješajte sve sastojke dok ne postanu glatki. Stavite žlicom u posudu za mikrovalnu pećnicu od 18 cm/7 obloženu bazom i stavite u mikrovalnu pećnicu na Medium 6 minuta. Ostavite da se hladi u posudi 5 minuta, zatim preokrenite na rešetku da se ohladi.

Sultana barovi za mikrovalnu pećnicu

Čini 12

175 g/6 oz/¾ šalice maslaca ili margarina

100 g/4 oz/½ šalice sitnog (superfinog) šećera

15 ml/1 žlica zlatnog (svijetlog kukuruznog) sirupa

75 g/3 oz/½ šalice sultanije (zlatne grožđice)

5 ml/1 žličica naribane limunove korice

225 g/8 oz/2 šalice samodizajućeg (samodizajućeg) brašna

Za glazuru (glazuru):
175 g/6 oz/1 šalica šećera u prahu (poslastičarskog).

30 ml/2 žlice soka od limuna

Stavite maslac ili margarin, šećer i sirup u mikrovalnu na srednje 2 minute. Umiješajte sultanije i limunovu koricu. Umiješajte brašno. Stavite žlicom u podmazanu i obloženu četvrtastu posudu za mikrovalnu pećnicu veličine 20 cm/8 i stavite u mikrovalnu pećnicu na Medium 8 minuta dok ne postane čvrsta. Ostaviti da se malo ohladi.

Stavite šećer u prahu u posudu i napravite udubljenje u sredini. Postupno umiješajte limunov sok da dobijete glatku glazuru. Još toplu premažite preko kolača, pa ostavite da se potpuno ohladi.

Čokoladni keksi u mikrovalnoj pećnici

Čini 24

225 g/8 oz/1 šalica maslaca ili margarina, omekšalog

100 g/4 oz/½ šalice tamno smeđeg šećera

5 ml/1 žličica esencije vanilije (ekstrakt)

225 g/8 oz/2 šalice samodizajućeg (samodizajućeg) brašna

50 g/2 oz/½ šalice čokolade za piće u prahu

Pomiješajte maslac, šećer i esenciju vanilije dok ne postanu svijetli i pjenasti. Postupno umiješajte brašno i čokoladu te umijesite glatko tijesto. Oblikujte kuglice veličine oraha, slažite po šest na podmazan lim za pečenje u mikrovalnoj pećnici (kolačiće) i malo spljoštite vilicom. Stavite svaku seriju u mikrovalnu na Jaku 2 minute, dok svi keksi (kolačići) ne budu pečeni. Ostavite da se ohladi na rešetki.

Kolačići s kokosom u mikrovalnoj pećnici

Čini 24

50 g/2 oz/¼ šalice maslaca ili margarina, omekšalog

75 g/3 oz/1/3 šalice sitnog (superfinog) šećera

1 jaje, lagano tučeno

2,5 ml/½ žličice esencije vanilije (ekstrakt)

75 g/3 oz/¾ šalice glatkog (višenamjenskog) brašna

25 g/1 oz/¼ šalice osušenog (naribanog) kokosa

Prstohvat soli

30 ml/2 žlice džema od jagoda (sačuvati)

Miksajte maslac ili margarin i šećer dok ne postane svijetlo i pjenasto. Umiješajte jaje i aromu vanilije naizmjenično s brašnom, kokosom i solju te zamijesite glatko tijesto. Oblikujte kuglice veličine oraha i slažite po šest na podmazan lim za pečenje u mikrovalnoj pećnici (kolačiće), pa lagano pritisnite vilicom da se malo spljošti. Pecite u mikrovalnoj pećnici na visokoj razini 3 minute dok se ne stegne. Premjestite na rešetku i stavite žlicu pekmeza na sredinu svakog kolačića. Ponovite s preostalim kolačićima.

Florentinci u mikrovalnoj pećnici

Čini 12

50 g/2 oz/¼ šalice maslaca ili margarina

50 g/2 oz/¼ šalice demerara šećera

15 ml/1 žlica zlatnog (svijetlog kukuruznog) sirupa

50 g/2 oz/¼ šalice glacé (ušećerenih) višanja

75 g/3 oz/¾ šalice nasjeckanih oraha

25 g/1 oz/3 žlice sultanije (zlatne grožđice)

25 g/1 oz/¼ šalice narezanih badema u lističima

30 ml/2 žlice nasjeckane miješane (ušećerene) kore

25 g/1 oz/¼ šalice glatkog (višenamjenskog) brašna

100 g/4 oz/1 šalica obične (poluslatke) čokolade, izlomljene (po želji)

Stavite maslac ili margarin, šećer i sirup u mikrovalnu na Jaku 1 minutu dok se ne otope. Umiješajte višnje, orahe, sultanije i bademe pa umiješajte izmiješane kore i brašno. Stavite pune čajne žličice smjese, dobro razmaknute, na masni (voštani) papir i kuhajte četiri po četiri na visokoj razini 1½ minute svaku seriju. Zarežite rubove nožem, ostavite da se hlade na papiru 3 minute, zatim prebacite na rešetku da se do kraja ohlade. Ponovite s preostalim keksima. Ako želite, otopite čokoladu u posudi 30 sekundi i premažite jednu stranu florentinaca, a zatim ostavite da se stegne.

Keksi od lješnjaka i trešnje u mikrovalnoj pećnici

Čini 24

100 g/4 oz/½ šalice maslaca ili margarina, omekšalog

100 g/4 oz/½ šalice sitnog (superfinog) šećera

1 jaje, tučeno

175 g/6 oz/1½ šalice glatkog (višenamjenskog) brašna

50 g/2 oz/½ šalice mljevenih lješnjaka

100 g/4 oz/½ šalice glacé (kandiranih) višanja

Miksajte maslac ili margarin i šećer dok ne postane svijetlo i pjenasto. Postupno umiješajte jaje, zatim dodajte brašno, lješnjake i višnje. Stavite žlice dobro razmaknute na listove za pečenje (kolačiće) u mikrovalnoj pećnici i pecite u mikrovalnoj pećnici osam keksa (kolačića) odjednom na visokoj temperaturi oko 2 minute dok se ne stvrdnu.

Sultana keksi za mikrovalnu

Čini 24

225 g/8 oz/2 šalice glatkog (višenamjenskog) brašna

5 ml/1 žličica mljevene mješavine začina (pita od jabuka).

175 g/6 oz/¾ šalice maslaca ili margarina, omekšalog

100 g/4 oz/2/3 šalice sultanije (zlatne grožđice)

175 g/6 oz/¾ šalice demerara šećera

Pomiješajte brašno i pomiješane začine, zatim umiješajte maslac ili margarin, sultanine i 100 g/4 oz/½ šalice šećera da napravite mekano tijesto. Razvaljajte u dva oblika kobasice dužine oko 18 cm/7 i uvaljajte u preostali šećer. Izrežite na kriške i posložite po šest na podmazan lim za pečenje u mikrovalnoj pećnici (kolačiće) i pecite u mikrovalnoj pećnici na visokoj razini 2 minute. Ostavite da se ohladi na rešetki i ponovite s preostalim biskvitima (kolačićima).

Kruh od banane u mikrovalnoj

Za jednu štrucu od 450 g/1 lb

75 g/3 oz/1/3 šalice maslaca ili margarina, omekšalog

175 g/6 oz/¾ šalice sitnog (superfinog) šećera

2 jaja, lagano tučena

200 g/7 oz/1¾ šalice glatkog (višenamjenskog) brašna

10 ml/2 žličice praška za pecivo

2,5 ml/½ žličice sode bikarbone (soda bikarbona)

Prstohvat soli

2 zrele banane

15 ml/1 žlica soka od limuna

60 ml/4 žlice mlijeka

50 g/2 oz/½ šalice nasjeckanih oraha

Miksajte maslac ili margarin i šećer dok ne postane svijetlo i pjenasto. Postupno umiješajte jaja pa dodajte brašno, prašak za pecivo, sodu bikarbonu i sol. Banane zgnječite s limunovim sokom, pa umiješajte u smjesu s mlijekom i orasima. Stavite žlicom u podmazan i pobrašnjen kalup za kruh (tavu) za mikrovalnu pećnicu od 450 g/1 lb i stavite u mikrovalnu pećnicu na visokoj razini 12 minuta. Izvadite iz pećnice, pokrijte folijom i ostavite da se hladi 10 minuta, zatim preokrenite na rešetku da se ohladi.

Kruh sa sirom u mikrovalnoj pećnici

Za jednu štrucu od 450 g/1 lb

50 g/2 oz/¼ šalice maslaca ili margarina

250 ml/8 tečnih oz/1 šalica mlijeka

2 jaja, lagano tučena

225 g/8 oz/2 šalice glatkog (višenamjenskog) brašna

10 ml/2 žličice praška za pecivo

10 ml/2 žličice senfa u prahu

2,5 ml/½ žličice soli

175 g/6 oz/1½ šalice cheddar sira, naribanog

Otopite maslac ili margarin u maloj posudi na visokoj temperaturi 1 minutu. Umiješajte mlijeko i jaja. Pomiješajte brašno, prašak za pecivo, senf, sol i 100 g/4 oz/1 šalicu sira. Umiješajte mliječnu smjesu dok se dobro ne sjedini. Stavite žlicom u kalup za kruh (tavu) za mikrovalnu pećnicu i pecite u mikrovalnoj pećnici na visokoj razini 9 minuta. Pospite preostalim sirom, pokrijte folijom i ostavite da odstoji 20 minuta.

Štruca od oraha u mikrovalnoj pećnici

Za jednu štrucu od 450 g/1 lb

225 g/8 oz/2 šalice glatkog (višenamjenskog) brašna

300 g/10 oz/1¼ šalice sitnog (vrlo finog) šećera

5 ml/1 žličica praška za pecivo

Prstohvat soli

100 g/4 oz/½ šalice maslaca ili margarina, omekšalog

150 ml/¼ pt/2/3 šalice mlijeka

2,5 ml/½ žličice esencije vanilije (ekstrakt)

4 bjelanjka

50 g/2 oz/½ šalice nasjeckanih oraha

Pomiješajte brašno, šećer, prašak za pecivo i sol. Umutite maslac ili margarin, zatim mlijeko i aromu vanilije. Istucite bjelanjke dok ne postanu kremasti, zatim umiješajte orahe. Stavite žlicom u podmazan i pobrašnjen kalup za kruh (tavu) za mikrovalnu pećnicu od 450 g/1 lb i stavite u mikrovalnu pećnicu na visokoj razini 12 minuta. Izvadite iz pećnice, pokrijte folijom i ostavite da se hladi 10 minuta, zatim preokrenite na rešetku da se ohladi.

Amaretti torta bez pečenja

Za jednu tortu od 20 cm/8

100 g/4 oz/½ šalice maslaca ili margarina

175 g/6 oz/1½ šalice obične (poluslatke) čokolade

75 g/3 oz Amaretti keksa (kolačića), grubo zdrobljenih

175 g/6 oz/1½ šalice nasjeckanih oraha

50 g/2 oz/½ šalice pinjola

75 g/3 oz/1/3 šalice glacé (kandiranih) trešanja, nasjeckanih

30 ml/2 žlice Grand Marnier

225 g/8 oz/1 šalica Mascarpone sira

Otopite maslac ili margarin i čokoladu u zdjeli otpornoj na toplinu postavljenoj iznad posude s lagano ključajućom vodom. Maknite s vatre i umiješajte kekse, orahe i višnje. Žlicom stavljajte u lim za sendviče (tepsiju) obložen prozirnom folijom (plastičnom folijom) i nježno pritisnite. Ohladite 1 sat dok se ne stegne. Preokrenite na tanjur za posluživanje i uklonite prozirnu foliju. Umutite Grand Marnier u Mascarpone i žlicom prelijte temeljac.

Američke hrskave rižine pločice

Čini oko 24 bara

50 g/2 oz/¼ šalice maslaca ili margarina

225 g/8 oz bijeli sljez

5 ml/1 žličica esencije vanilije (ekstrakt)

150 g/5 oz/5 šalica napuhane riže

U velikoj tavi na laganoj vatri otopite maslac ili margarin. Dodajte marshmallows i kuhajte uz stalno miješanje dok se marshmallows ne otopi i smjesa postane sirupasta. Maknite s vatre i dodajte esenciju vanilije. Umiješajte rižine pahuljice dok se ne ujednače. Utisnite u četvrtasti lim (tepsiju) od 23 cm/9 in narežite na kolutiće. Ostaviti da se stegne.

Kvadrati marelica

Čini 12

50 g/2 oz/¼ šalice maslaca ili margarina

175 g/6 oz/1 mala limenka evaporiranog mlijeka

15 ml/1 žlica bistrog meda

45 ml/3 žlice soka od jabuke

50 g/2 oz/¼ šalice mekog smeđeg šećera

50 g/2 oz/1/3 šalice sultanije (zlatne grožđice)

225 g/8 oz/11/3 šalice gotovih suhih marelica, nasjeckanih

100 g/4 oz/1 šalica osušenog (naribanog) kokosa

225 g/8 oz/2 šalice valjane zobi

Otopite maslac ili margarin s mlijekom, medom, sokom od jabuke i šećerom. Umiješajte preostale sastojke. Utisnite u podmazan kalup za pečenje (tepsiju) veličine 25 cm/12 i ohladite prije rezanja na kvadrate.

Švicarska torta od marelica

Za jednu tortu od 23 cm/9

400 g/14 oz/1 velika konzerva polovica marelica, ocijeđenih i soka sačuvanih

50 g/2 oz/½ šalice pudinga u prahu

75 g/3 oz/¼ šalice želea od marelice (prozirno konzervirano)

75 g/3 oz/½ šalice gotovih suhih marelica, nasjeckanih

400 g/14 oz/1 velika limenka kondenziranog mlijeka

225 g/8 oz/1 šalica svježeg sira

45 ml/3 žlice soka od limuna

1 švicarska rolada, narezana na kriške

Nadopunite sok od marelice vodom da dobijete 500 ml/17 tečnih oz/2¼ šalice. Prašak od pudinga pomiješajte s malo tekućine u pastu, a ostatak zakuhajte. Umiješajte kremu od pudinga i žele od marelica i pirjajte dok ne postane gusta i sjajna, neprestano miješajući. Izgnječite konzervirane marelice i dodajte u smjesu sa suhim marelicama. Ostavite da se ohladi uz povremeno miješanje.

Pomiješajte kondenzirano mlijeko, svježi sir i limunov sok dok se dobro ne sjedine, a zatim umiješajte u smjesu želea. Kalup za tortu (tepsiju) od 23 cm/9 obložite prozirnom folijom (plastičnom folijom) i posložite kriške švicarske (žele) rolade po dnu i stranicama kalupa. Žlicom dodajte smjesu za kolač i ohladite dok se ne stegne. Pažljivo okrenite kad ste spremni za posluživanje.

Kolači od lomljenog keksa

Čini 12

100 g/4 oz/½ šalice maslaca ili margarina

30 ml/2 žlice sitnog (superfinog) šećera

15 ml/1 žlica zlatnog (svijetlog kukuruznog) sirupa

30 ml/2 žlice kakaa (nezaslađene čokolade) u prahu

225 g/8 oz/2 šalice mrvica izlomljenog keksa (kolačića).

50 g/2 oz/1/3 šalice sultanije (zlatne grožđice)

Otopite maslac ili margarin sa šećerom i sirupom ne dopustite da smjesa zakipi. Umiješajte kakao, kekse i sultanije. Utisnuti u podmazan kalup (tepsiju) promjera 25 cm/10, ostaviti da se ohladi, pa ohladiti dok se ne stegne. Izrežite na kvadrate.

Kolač s mlaćenicom bez pečenja

Za jednu tortu od 23 cm/9

30 ml/2 žlice pudinga u prahu

100 g/4 oz/½ šalice sitnog (superfinog) šećera

450 ml/¾ pt/2 šalice mlijeka

175 ml/6 tečnih oz/¾ šalice mlaćenice

25 g/1 oz/2 žlice maslaca ili margarina

400 g/12 oz običnih keksa (kolačića), zdrobljenih

120 ml/4 fl oz/½ šalice vrhnja za šlag

Pomiješajte prašak za puding i šećer u pastu s malo mlijeka. Preostalo mlijeko zakuhajte. Umiješajte ga u pastu pa cijelu smjesu vratite u tavu i miješajte na laganoj vatri oko 5 minuta dok se ne zgusne. Umiješajte mlaćenicu i maslac ili margarin. Žlicom stavljajte slojeve mljevenog keksa i smjese za kremu u kalup za torte (tepsiju) veličine 23 cm/9 obložen prozirnom folijom (plastičnom folijom) ili u staklenu posudu. Lagano pritisnite i ohladite dok se ne stegne. Istucite vrhnje u čvrsti šlag, a zatim izvucite ružice od kreme na vrh torte. Ili poslužite iz posude ili pažljivo izvadite za posluživanje.

Kriška kestena

Za jednu štrucu od 900 g/2 lb

225 g/8 oz/2 šalice obične (poluslatke) čokolade

100 g/4 oz/½ šalice maslaca ili margarina, omekšalog

100 g/4 oz/½ šalice sitnog (superfinog) šećera

450 g/1 lb/1 velika limenka nezaslađenog kesten pirea

25 g/1 oz/¼ šalice rižinog brašna

Nekoliko kapi esencije vanilije (ekstrakt)

150 ml/¼ pt/2/3 šalice vrhnja za šlag, tučeno

Naribana čokolada za ukrašavanje

Otopite običnu čokoladu u zdjeli otpornoj na toplinu iznad posude s vodom koja lagano ključa. Miksajte maslac ili margarin i šećer dok ne postane svijetlo i pjenasto. Umiješajte pire od kestena, čokoladu, rižino brašno i aromu vanilije. Okrenite u podmazan i obložen kalup za kruh od 900 g/2 lb (tepsiju) i ohladite dok ne postane čvrst. Prije posluživanja ukrasite šlagom i naribanom čokoladom.

Kesten biskvit

Pravi kolač od 900 g/2 lb

Za tortu:

400 g/14 oz/1 velika limenka zaslađenog kesten pirea

100 g/4 oz/½ šalice maslaca ili margarina, omekšalog

1 jaje

Nekoliko kapi esencije vanilije (ekstrakt)

30 ml/2 žlice rakije

24 biskvita (kolačića)

Za glazuru:

30 ml/2 žlice kakaa (nezaslađene čokolade) u prahu

15 ml/1 žlica sitnog (superfinog) šećera

30 ml/2 žlice vode

Za kremu od maslaca:

100 g/4 oz/½ šalice maslaca ili margarina, omekšalog

100 g/4 oz/2/3 šalice šećera u prahu (poslastičarskog), prosijanog

15 ml/1 žlica esencije kave (ekstrakt)

Za pripremu kolača pomiješajte pire od kestena, maslac ili margarin, jaje, aromu vanilije i 15 ml/1 žličicu rakije i tucite dok ne postane glatko. Namastite i obložite kalup za kruh (tepsiju) od 900 g/2 lb i spužvastim prstima obložite dno i stranice. Preostalom rakijom poprskajte biskvite i žlicom u sredinu rasporedite smjesu od kestena. Ohladite dok se ne stegne.

Izvadite iz kalupa i uklonite papir za oblaganje. Otopite sastojke za glazuru u zdjeli otpornoj na toplinu postavljenoj iznad posude s vodom koja lagano ključa, miješajući dok ne postane glatka. Ostavite da se malo ohladi, a zatim premažite veći dio glazure po vrhu torte. Kremom sjedinite sastojke za kremu s maslacem dok ne postanu glatki, a zatim razvucite u kovitlace oko ruba torte. Za kraj prelijte ostavljenom glazurom.

Pločice čokolade i badema

Čini 12

175 g/6 oz/1½ šalice obične (poluslatke) čokolade, nasjeckane

3 jaja, odvojena

120 ml/4 fl oz/½ šalice mlijeka

10 ml/2 žličice želatine u prahu

120 ml/4 fl oz/½ šalice dvostrukog (gustog) vrhnja

45 ml/3 žlice sitnog (superfinog) šećera

60 ml/4 žlice narezanih badema, tostiranih

Otopite čokoladu u zdjeli otpornoj na toplinu postavljenoj iznad posude s vodom koja lagano ključa. Maknite s vatre i umiješajte žumanjke. U posebnoj posudi prokuhajte mlijeko pa u njega umiješajte želatinu. Umiješajte u čokoladnu smjesu, pa umiješajte vrhnje. Bjelanjke istucite u čvrsti snijeg, zatim dodajte šećer i ponovno tucite dok ne postane čvrst i sjajan. Umiješajte u smjesu. Žlicom stavljajte u podmazan i obložen kalup za kruh (tepsiju) od 450 g/1 lb, pospite prženim bademima i ostavite da se ohladi, a zatim ohladite najmanje 3 sata dok se ne stegne. Okrenite i narežite na deblje kriške za posluživanje

Čokoladni prhki kolač

Za jednu štrucu od 450 g/1 lb

   150 g/5 oz/2/3 šalice maslaca ili margarina
30 ml/2 žlice zlatnog (svijetlog kukuruznog) sirupa

175 g/6 oz/1½ šalice digestivnog keksa (Graham kreker) mrvica

50 g/2 oz/2 šalice napuhane riže

25 g/1 oz/3 žlice sultanije (zlatne grožđice)

25 g/1 oz/2 žlice glacé (kandiranih) trešanja, nasjeckanih

225 g/8 oz/2 šalice komadića čokolade

30 ml/2 žlice vode

175 g/6 oz/1 šalica šećera u prahu (poslastičarskog), prosijanog

Otopite 100 g/4 oz/½ šalice maslaca ili margarina sa sirupom, zatim maknite s vatre i umiješajte biskvitne mrvice, žitarice, sultane, višnje i tri četvrtine komadića čokolade. Žlicom stavljajte u podmazan i obložen kalup za kruh (tepsiju) od 450 g/1 lb i zagladite vrh. Ohladite dok se ne stegne. Preostali maslac ili margarin otopite s preostalom čokoladom i vodom. Umiješajte šećer u prahu i miješajte dok ne postane glatko. Kolač izvadite iz kalupa i prepolovite po dužini. Sendvič zajedno s polovicom čokoladne glazure (glazure), stavite na tanjur za posluživanje, pa prelijte preostalom glazurom. Ohladite prije posluživanja.

Kvadrati od čokoladnih mrvica

Čini oko 24

225 g/8 oz digestivnog keksa (Graham krekeri)

100 g/4 oz/½ šalice maslaca ili margarina

25 g/1 oz/2 žlice sitnog (superfinog) šećera

15 ml/1 žlica zlatnog (svijetlog kukuruznog) sirupa

45 ml/3 žlice kakaa (nezaslađene čokolade) u prahu

200 g/7 oz/1¾ šalice čokoladnog premaza za tortu

Stavite kekse u plastičnu vrećicu i izgnječite valjkom za tijesto. U tavi otopite maslac ili margarin pa umiješajte šećer i sirup. Maknite s vatre i umiješajte biskvitne mrvice i kakao. Prebacite u podmazan i obložen četvrtasti kalup za torte 18 cm/7 i ravnomjerno utisnite. Ostaviti da se ohladi, pa ostaviti u frižideru dok se ne stegne.

Otopite čokoladu u zdjeli otpornoj na toplinu postavljenoj iznad posude s vodom koja lagano ključa. Premazati preko biskvita, dok se stegne vilicom crtati u linije. Izrežite na kvadrate kad se stegne.

Čokoladna torta hladnjak

Za jednu tortu od 450 g/1 lb

100 g/4 oz/½ šalice mekog smeđeg šećera

100 g/4 oz/½ šalice maslaca ili margarina

50 g/2 oz/½ šalice čokolade za piće u prahu

25 g/1 oz/¼ šalice kakaa (nezaslađene čokolade) u prahu

30 ml/2 žlice zlatnog (svijetlog kukuruznog) sirupa

150 g/5 oz digestivnog keksa (Graham krekeri) ili bogatog čajnog keksa

50 g/2 oz/¼ šalice glacé (kandiranih) trešanja ili mješavine orašastih plodova i grožđica

100 g/4 oz/1 šalica mliječne čokolade

Stavite šećer, maslac ili margarin, čokoladu za piće, kakao i sirup u tavu i lagano zagrijte dok se maslac ne otopi, dobro miješajući. Maknite s vatre i izmrvite kekse. Umiješajte višnje ili orašaste plodove i grožđice i žlicom stavite u kalup za kruh (tavu) od 450 g/1 lb. Ostaviti u frižider da se ohladi.

Otopite čokoladu u zdjeli otpornoj na toplinu iznad posude s vodom koja lagano ključa. Premažite vrh ohlađene torte i režite kad se stegne.

Torta od čokolade i voća

Za jednu tortu od 18 cm/7

100 g/4 oz/½ šalice maslaca ili margarina, otopljenog

100 g/4 oz/½ šalice mekog smeđeg šećera

225 g/8 oz/2 šalice digestivnog keksa (Graham kreker) mrvica

50 g/2 oz/1/3 šalice sultanije (zlatne grožđice)

45 ml/3 žlice kakaa (nezaslađene čokolade) u prahu

1 jaje, tučeno

Nekoliko kapi esencije vanilije (ekstrakt)

Pomiješajte maslac ili margarin i šećer pa umiješajte ostale sastojke i dobro ih umutite. Žlicom stavite u podmazan kalup za sendviče (tepsiju) veličine 18 cm/7 i zagladite površinu. Ohladite dok se ne stegne.

Kvadratići čokolade i đumbira

Čini 24

100 g/4 oz/½ šalice maslaca ili margarina

100 g/4 oz/½ šalice mekog smeđeg šećera

30 ml/2 žlice kakaa (nezaslađene čokolade) u prahu

1 jaje, lagano tučeno

225 g/8 oz/2 šalice mrvica keksa od đumbira (kolačića).

15 ml/1 žlica nasjeckanog kristaliziranog (kandiranog) đumbira

Otopite maslac ili margarin, zatim umiješajte šećer i kakao dok se dobro ne sjedine. Umiješajte jaje, biskvitne mrvice i đumbir. Utisnite u kalup za švicarske rolade (posudu za žele rolade) i ohladite dok se ne stegne. Izrežite na kvadrate.

Luksuzni kvadrati čokolade i đumbira

Čini 24

100 g/4 oz/½ šalice maslaca ili margarina

100 g/4 oz/½ šalice mekog smeđeg šećera

30 ml/2 žlice kakaa (nezaslađene čokolade) u prahu

1 jaje, lagano tučeno

225 g/8 oz/2 šalice mrvica keksa od đumbira (kolačića).

15 ml/1 žlica nasjeckanog kristaliziranog (kandiranog) đumbira

100 g/4 oz/1 šalica obične (poluslatke) čokolade

Otopite maslac ili margarin, zatim umiješajte šećer i kakao dok se dobro ne sjedine. Umiješajte jaje, biskvitne mrvice i đumbir. Utisnite u kalup za švicarske rolade (posudu za žele rolade) i ohladite dok se ne stegne.

Otopite čokoladu u zdjeli otpornoj na toplinu postavljenoj iznad posude s vodom koja lagano ključa. Premažite tortu i ostavite da se stegne. Izrežite na kvadrate kada je čokolada skoro tvrda.

Čokoladni kolačići od meda

Čini 12

225 g/8 oz/1 šalica maslaca ili margarina

30 ml/2 žlice bistrog meda

90 ml/6 žlica rogača ili kakaa (nezaslađena čokolada) u prahu

225 g/8 oz/2 šalice mrvica slatkog keksa (kolačića).

Otopite maslac ili margarin, med i rogač ili kakao prah u tavi dok se dobro ne sjedine. Umiješajte biskvitne mrvice. Žlicom stavite u podmazan četvrtasti kalup (tepsiju) veličine 20 cm/8 i ostavite da se ohladi pa režite na kvadrate.

Čokoladni sloj torte

Za jednu tortu od 450 g/1 lb

300 ml/½ pt/1¼ šalice dvostrukog (gustog) vrhnja

225 g/8 oz/2 šalice obične (poluslatke) čokolade, izlomljene

5 ml/1 žličica esencije vanilije (ekstrakt)

20 običnih keksa (kolačića)

Zagrijte vrhnje u tavi na laganoj vatri gotovo do vrenja. Maknite s vatre i dodajte čokoladu, promiješajte, poklopite i ostavite 5 minuta. Umiješajte aromu vanilije i miješajte dok se dobro ne sjedini, zatim ohladite dok se smjesa ne počne zgušnjavati.

Obložite kalup za kruh (tepsiju) od 450 g /1 lb prozirnom folijom (plastičnom folijom). Na dno namazati sloj čokolade, pa na njega poredati nekoliko keksa u sloju. Nastavite slagati čokoladu i kekse dok ih ne potrošite. Završite slojem čokolade. Pokrijte prozirnom folijom i ostavite na hladnom najmanje 3 sata. Okrenite tortu i uklonite prozirnu foliju.

Lijepe čokoladne pločice

Čini 12

100 g/4 oz/½ šalice maslaca ili margarina

30 ml/2 žlice zlatnog (svijetlog kukuruznog) sirupa

30 ml/2 žlice kakaa (nezaslađene čokolade) u prahu

225 g/8 oz/1 paket lijepih ili običnih keksa (kolačića), grubo zdrobljenih

100 g/4 oz/1 šalica obične (poluslatke) čokolade, narezane na kockice

Otopite maslac ili margarin i sirup pa maknite s vatre i umiješajte kakao i izdrobljeni keks. Smjesu rasporedite u četvrtasti kalup (tepsiju) veličine 23 cm/9 in poravnajte površinu. Otopite čokoladu u zdjeli otpornoj na toplinu iznad posude s lagano ključajućom vodom i premažite je po vrhu. Ostavite da se malo ohladi, zatim narežite na štanglice ili kvadrate i ohladite dok se ne stegne.

Čokoladni kvadratići pralina

Čini 12

100 g/4 oz/½ šalice maslaca ili margarina

30 ml/2 žlice sitnog (superfinog) šećera

15 ml/1 žlica zlatnog (svijetlog kukuruznog) sirupa

15 ml/1 žlica čokolade za piće u prahu

225 g/8 oz digestivnog keksa (Graham krekeri), mljevenog

200 g/7 oz/1¾ šalice obične (poluslatke) čokolade

100 g/4 oz/1 šalica nasjeckanih miješanih orašastih plodova

U tavi otopite maslac ili margarin, šećer, sirup i čokoladu za piće. Pustite da zavrije, a zatim kuhajte 40 sekundi. Maknite s vatre i umiješajte kekse i orahe. Utisnuti u podmazan kalup za torte (tepsiju) 28 x 18 cm/11 x 7. Otopite čokoladu u zdjeli otpornoj na toplinu iznad posude s vodom koja lagano ključa. Premažite preko biskvita i ostavite da se ohladi, zatim ohladite 2 sata prije rezanja na kvadrate.

Kokos Crunchies

Čini 12

100 g/4 oz/1 šalica obične (poluslatke) čokolade

30 ml/2 žlice mlijeka

30 ml/2 žlice zlatnog (svijetlog kukuruznog) sirupa

100 g/4 oz/4 šalice napuhane riže

50 g/2 oz/½ šalice osušenog (naribanog) kokosa

U tavi otopite čokoladu, mlijeko i sirup. Maknite s vatre i umiješajte žitarice i kokos. Žlicom stavljajte u papirnate kutije za kolače (papir za kolače) i ostavite da se stegne.

Crunch pločice

Čini 12

175 g/6 oz/¾ šalice maslaca ili margarina

50 g/2 oz/¼ šalice mekog smeđeg šećera

30 ml/2 žlice zlatnog (svijetlog kukuruznog) sirupa

45 ml/3 žlice kakaa (nezaslađene čokolade) u prahu

75 g/3 oz/½ šalice grožđica ili sultana (zlatne grožđice)

350 g/12 oz/3 šalice zobenih žitarica

225 g/8 oz/2 šalice obične (poluslatke) čokolade

Otopite maslac ili margarin sa šećerom, sirupom i kakaom. Umiješajte grožđice ili sultanije i žitarice. Smjesu utisnuti u podmazan kalup od 25 cm/12 u tepsiju (tepsiju). Otopite čokoladu u zdjeli otpornoj na toplinu iznad posude s vodom koja lagano ključa. Rasporedite po štanglicama i ostavite da se ohlade, a zatim ohladite prije rezanja na štanglice.

Hrskavi kolačići od kokosa i grožđica

Čini 12

100 g/4 oz/1 šalica bijele čokolade

30 ml/2 žlice mlijeka

30 ml/2 žlice zlatnog (svijetlog kukuruznog) sirupa

175 g/6 oz/6 šalica napuhane riže

50 g/2 oz/1/3 šalice grožđica

U tavi otopite čokoladu, mlijeko i sirup. Maknite s vatre i umiješajte žitarice i grožđice. Žlicom stavljajte u papirnate kutije za kolače (papir za kolače) i ostavite da se stegne.

Kvadrati od kave i mlijeka

Čini 20

25 g/1 oz/2 žlice želatine u prahu

75 ml/5 žlica hladne vode

225 g/8 oz/2 šalice mrvica običnog keksa (kolačića).

50 g/2 oz/¼ šalice maslaca ili margarina, otopljenog

400 g/14 oz/1 velika limenka evaporiranog mlijeka

150 g/5 oz/2/3 šalice sitnog (superfinog) šećera

400 ml/14 tečnih oz/1¾ šalice jake crne kave, ledeno hladne

Šlag i kristalizirane (ušećerene) kriške naranče za ukrašavanje

Želatinu pospite vodom u posudi i ostavite dok ne postane spužvasta. Stavite zdjelu u posudu s vrućom vodom i ostavite dok se ne otopi. Ostaviti da se malo ohladi. U otopljeni maslac umiješajte biskvitne mrvice i utisnite u podmazani pravokutni kalup (tepsiju) veličine 30 x 20 cm/12 x 8. Tucite evaporirano mlijeko dok ne postane gusto, zatim postupno umiješajte šećer, zatim otopljenu želatinu i kavu. Žlicom prelijte podlogu i ohladite dok se ne stegne. Izrežite na kvadrate i ukrasite tučenim šlagom i kristaliziranim (ušećerenim) kriškama naranče.

Voćni kolač bez pečenja

Za jednu tortu od 23 cm/9

450 g/1 lb/2 2/3 šalice miješanog suhog voća (mješavina za voćni kolač)

450 g/1 lb običnog keksa (kolačića), mljevenog

100 g/4 oz/½ šalice maslaca ili margarina, otopljenog

100 g/4 oz/½ šalice mekog smeđeg šećera

400 g/14 oz/1 velika limenka kondenziranog mlijeka

5 ml/1 žličica esencije vanilije (ekstrakt)

Pomiješajte sve sastojke dok se dobro ne sjedine. Žlicom stavljajte u podmazan kalup za torte (tepsiju) veličine 23 cm/9 obložen prozirnom folijom (plastičnom folijom) i pritisnite prema dolje. Ohladite dok se ne stegne.

Voćni kvadrati

Čini oko 12

100 g/4 oz/½ šalice maslaca ili margarina

100 g/4 oz/½ šalice mekog smeđeg šećera

400 g/14 oz/1 velika limenka kondenziranog mlijeka

5 ml/1 žličica esencije vanilije (ekstrakt)

250 g/9 oz/1½ šalice miješanog suhog voća (mješavina za voćni kolač)

100 g/4 oz/½ šalice glacé (kandiranih) višanja

50 g/2 oz/½ šalice sjeckanih miješanih orašastih plodova

400 g/14 oz običnih keksa (kolačića), zdrobljenih

Na laganoj vatri otopite maslac ili margarin i šećer. Umiješajte kondenzirano mlijeko i aromu vanilije i maknite s vatre. Umiješajte preostale sastojke. Utisnite u podmazan kalup za švicarske rolade (posuda za žele rolade) i ohladite 24 sata dok se ne stegne. Izrežite na kvadrate.

Pucketanje od voća i vlakana

Čini 12

100 g/4 oz/1 šalica obične (poluslatke) čokolade

50 g/2 oz/¼ šalice maslaca ili margarina

15 ml/1 žlica zlatnog (svijetlog kukuruznog) sirupa

100 g/4 oz/1 šalica voća i žitarica za doručak s vlaknima

Otopite čokoladu u zdjeli otpornoj na toplinu iznad posude s vodom koja lagano ključa. Umutiti maslac ili margarin i sirupirati. Umiješajte žitarice. Žlicom stavljati u papirnate kutije za kolače (papir za kolače) i ostaviti da se ohladi i stegne.

Slojeviti kolač od nugata

Pravi kolač od 900 g/2 lb

15 g/½ oz/1 žlica želatine u prahu

100 ml/3½ fl oz/6½ žlice vode

1 paket sitnih spužvica

225 g/8 oz/1 šalica maslaca ili margarina, omekšalog

50 g/2 oz/¼ šalice sitnog (superfinog) šećera

400 g/14 oz/1 velika limenka kondenziranog mlijeka

5 ml/1 žličica soka od limuna

5 ml/1 žličica esencije vanilije (ekstrakt)

5 ml/1 žličica kreme od zubnog kamenca

100 g/4 oz/2/3 šalice miješanog suhog voća (mješavina za voćni kolač), nasjeckanog

Pospite želatinu vodom u maloj posudi, a zatim stavite zdjelu u posudu s vrućom vodom dok želatina ne postane prozirna. Malo prohladite. Kalup za štruce od 900 g/2 lb (tepsiju) obložite folijom tako da folija prekrije vrh kalupa, a zatim na podlogu rasporedite polovicu sitnih spužvica. Umutiti maslac ili margarin i šećer dok ne postanu kremasti, zatim umiješati sve preostale sastojke. Žlicom stavljajte u lim i po vrhu posložite preostale sitne spužve. Pokrijte folijom i na vrh stavite uteg. Ohladite dok se ne stegne.

Trgovi mlijeka i muškatnog oraščića

Čini 20

Za bazu:

225 g/8 oz/2 šalice mrvica običnog keksa (kolačića).

30 ml/2 žlice mekog smeđeg šećera

2,5 ml/½ žličice naribanog muškatnog oraščića

100 g/4 oz/½ šalice maslaca ili margarina, otopljenog

Za nadjev:

1,2 litre/2 pts/5 šalica mlijeka

25 g/1 oz/2 žlice maslaca ili margarina

2 jaja, odvojena

225 g/8 oz/1 šalica sitnog (superfinog) šećera

100 g/4 oz/1 šalica kukuruznog brašna (kukuruzni škrob)

50 g/2 oz/½ šalice glatkog (višenamjenskog) brašna

5 ml/1 žličica praška za pecivo

Prstohvat naribanog muškatnog oraščića

Naribani muškatni oraščić za posipanje

Za podlogu biskvitne mrvice, šećer i muškatni oraščić umiješajte u otopljeni maslac ili margarin i utisnite u podmazani kalup za torte veličine 30 x 20 cm/12 x 8.

Da biste napravili nadjev, stavite 1 litru/1¾ pts/4¼ šalice mlijeka da prokuha u velikoj tavi. Dodati maslac ili margarin. Istucite žumanjke s preostalim mlijekom. Pomiješajte šećer, kukuruzno brašno, brašno, prašak za pecivo i muškatni oraščić. Umutite malo kipućeg mlijeka u smjesu žumanjaka dok se ne sjedini u pastu, zatim umiješajte pastu u kipuće mlijeko, neprestano miješajući na laganoj vatri nekoliko minuta dok se ne zgusne. Maknite s vatre. Od bjelanjaka istucite čvrsti snijeg pa ga umiješajte u smjesu. Žlicom prelijte podlogu i obilato pospite muškatnim oraščićem. Ostavite da se ohladi, zatim ohladite i narežite na kvadrate prije posluživanja.

Muesli Crunch

Čini oko 16 kvadrata

400 g/14 oz/3½ šalice obične (poluslatke) čokolade

45 ml/3 žlice zlatnog (svijetlog kukuruznog) sirupa

25 g/1 oz/2 žlice maslaca ili margarina

Oko 225 g/8 oz/2/3 šalice mueslija

Otopite pola čokolade, sirup i maslac ili margarin. Postupno umiješajte dovoljno muslija da dobijete čvrstu smjesu. Utisnite u podmazan kalup za švicarske rolade (tepsiju za žele rolade). Preostalu čokoladu otopiti i zagladiti po vrhu. Ohladite u hladnjaku prije rezanja na kvadrate.

Narančasti mousse kvadratići

Čini 20

25 g/1 oz/2 žlice želatine u prahu

75 ml/5 žlica hladne vode

225 g/8 oz/2 šalice mrvica običnog keksa (kolačića).

50 g/2 oz/¼ šalice maslaca ili margarina, otopljenog

400 g/14 oz/1 velika limenka evaporiranog mlijeka

150 g/5 oz/2/3 šalice sitnog (superfinog) šećera

400 ml/14 tečnih oz/1¾ šalice soka od naranče

Šlag i čokoladni slatkiši za ukrašavanje

Želatinu pospite vodom u posudi i ostavite dok ne postane spužvasta. Stavite zdjelu u posudu s vrućom vodom i ostavite dok se ne otopi. Ostaviti da se malo ohladi. U rastopljeni maslac umiješajte biskvitne mrvice i utisnite ih na dno i stranice namaščenog plitkog kalupa (tepsije) veličine 30 x 20 cm/12 x 8. Tucite mlijeko dok ne postane gusto, zatim postupno umiješajte šećer, zatim otopljenu želatinu i sok od naranče. Žlicom prelijte podlogu i ohladite dok se ne stegne. Izrežite na kvadrate i ukrasite tučenim šlagom i čokoladnim slatkišima.

Kvadratići od kikirikija

Čini 18

225 g/8 oz/2 šalice mrvica običnog keksa (kolačića).

100 g/4 oz/½ šalice maslaca ili margarina, otopljenog

225 g/8 oz/1 šalica hrskavog maslaca od kikirikija

25 g/1 oz/2 žlice glacé (kandiranih) višanja

25 g/1 oz/3 žlice ribiza

Pomiješajte sve sastojke dok se dobro ne sjedine. Utisnite u podmazan kalup (tepsiju) promjera 25 cm/12 i ohladite dok ne postane čvrst, a zatim izrežite na kvadrate.

Pepermint karamel kolači

Čini 16

400 g/14 oz/1 velika limenka kondenziranog mlijeka

600 ml/1 pt/2½ šalice mlijeka

30 ml/2 žlice pudinga u prahu

225 g/8 oz/2 šalice digestivnog keksa (Graham kreker) mrvica

100 g/4 oz/1 šalica pepermint čokolade, izlomljene na komadiće

Stavite neotvorenu limenku kondenziranog mlijeka u posudu napunjenu dovoljnom količinom vode da pokrije limenku. Pustite da zavrije, poklopite i kuhajte 3 sata, po potrebi dolijevajući kipuću vodu. Ostavite da se ohladi pa otvorite limenku i izvadite karamel.

Zagrijte 500 ml/17 fl oz/2¼ šalice mlijeka s karamelom, zakuhajte i miješajte dok se ne rastopi. Pomiješajte prašak za puding u pastu s preostalim mlijekom, zatim ga umiješajte u tavu i nastavite kuhati dok se ne zgusne, neprestano miješajući. Polovicu biskvitnih mrvica pospite po dnu namašćenog četvrtastog kalupa (tepsije) promjera 20 cm/8, a zatim na vrh žlicom rasporedite pola karamel kreme i pospite polovicom čokolade. Ponoviti slojeve, pa ostaviti da se ohladi. Ohladite, pa izrežite na porcije za posluživanje.

Kolačići od riže

Čini 24

175 g/6 oz/½ šalice bistrog meda

225 g/8 oz/1 šalica granuliranog šećera

60 ml/4 žlice vode

350 g/12 oz/1 kutija žitarica napuhane riže

100 g/4 oz/1 šalica prženog kikirikija

Otopite med, šećer i vodu u velikoj tavi, pa ostavite da se ohladi 5 minuta. Umiješajte žitarice i kikiriki. Uvaljati u kuglice, stavljati u papirnate kutije za torte (cupcake papire) i ostaviti dok se ne ohlade i stegne.

Toffete od riže i čokolade

Čini 225 g/8 oz

50 g/2 oz/¼ šalice maslaca ili margarina

30 ml/2 žlice zlatnog (svijetlog kukuruznog) sirupa

30 ml/2 žlice kakaa (nezaslađene čokolade) u prahu

60 ml/4 žlice sitnog (superfinog) šećera

50 g/2 oz/½ šalice mljevene riže

Otopite maslac i sirup. Umiješajte kakao i šećer dok se ne otope, zatim umiješajte mljevenu rižu. Lagano zakuhajte, smanjite vatru i lagano kuhajte 5 minuta uz stalno miješanje. Žlicom stavite u podmazan i obložen četvrtast pleh (pleh) veličine 20 cm/8 i ostavite da se malo ohladi. Izrežite na kvadrate, pa ostavite da se potpuno ohlade prije nego što ih izvadite iz kalupa.

Pasta od badema

Pokriva vrh i stranice jedne torte od 23 cm/9

225 g/8 oz/2 šalice mljevenih badema

225 g/8 oz/11/3 šalice šećera u prahu (poslastičarskog), prosijanog

225 g/8 oz/1 šalica sitnog (superfinog) šećera

2 jaja, lagano tučena

10 ml/2 žličice soka od limuna

Nekoliko kapi esencije badema (ekstrakt)

Istucite zajedno bademe i šećer. Postupno umiješajte preostale sastojke dok ne dobijete glatku smjesu. Zamotajte u prozirnu foliju (plastičnu foliju) i ohladite prije upotrebe.

Pasta od badema bez šećera

Pokriva vrh i strane jedne torte od 15 cm/6

100 g/4 oz/1 šalica mljevenih badema

50 g/2 oz/½ šalice fruktoze

25 g/1 oz/¼ šalice kukuruznog brašna (kukuruzni škrob)

1 jaje, lagano tučeno

Pomiješajte sve sastojke dok ne dobijete glatku pastu. Zamotajte u prozirnu foliju (plastičnu foliju) i ohladite prije upotrebe.

Royal Icing

Pokriva vrh i stranice jedne torte od 20 cm/8

5 ml/1 žličica soka od limuna

2 bjelanjka

450 g/1 lb/22/3 šalice šećera u prahu (poslastičarskog), prosijanog

5 ml/1 žličica glicerina (po izboru)

Pomiješajte sok od limuna i bjelanjke te postupno tucite šećer u prahu dok glazura (glazura) ne postane glatka i bijela i prekrije stražnju stranu žlice. Nekoliko kapi glicerina spriječit će da glazura postane previše lomljiva. Pokrijte vlažnom krpom i ostavite stajati 20 minuta kako bi mjehurići zraka izašli na površinu.

Ovakvu glazuru možete preliti na tortu i zagladiti nožem umočenim u vruću vodu. Za preljev, umiješajte dodatni šećer u prahu tako da glazura bude dovoljno čvrsta da stoji u vrhovima.

Glazura bez šećera

Dovoljno je za prekrivanje jedne torte od 15 cm/6

50 g/2 oz/½ šalice fruktoze

Prstohvat soli

1 bjelanjak

2,5 ml/½ žličice limunovog soka

Obradite fruktozu u prahu u multipraktiku dok ne postane fina poput šećera u prahu. Umiješajte sol. Prebacite u vatrostalnu zdjelu i umiješajte bjelanjak i limunov sok. Stavite zdjelu iznad posude s vodom koja lagano ključa i nastavite miješati dok se ne formiraju čvrsti vrhovi. Maknite s vatre i mutite dok se ne ohladi.

Zaleđivanje od fondanta

Dovoljno za prekrivanje jedne torte od 20 cm/8

450 g/1 lb/2 šalice šećera (superfinog) ili šećera u grudima

150 ml/¼ pt/2/3 šalice vode

15 ml/1 žlica tekuće glukoze ili 2,5 ml/½ žličice kreme od zubnog kamenca

Otopite šećer u vodi u velikoj posudi na laganoj vatri. Obrišite stranice posude četkom umočenom u hladnu vodu kako biste spriječili stvaranje kristala. Kremu od tartara otopite u malo vode, pa umiješajte u posudu. Pustite da zavrije i stalno kuhajte na 115°C/242°F kada kap glazure formira mekanu kuglicu kada se spusti u hladnu vodu. Polako ulijte sirup u posudu otpornu na toplinu i ostavite dok se ne stvori kožica. Glazuru tucite drvenom kuhačom dok ne postane neprozirna i čvrsta. Mijesiti dok ne postane glatko. Zagrijte u zdjeli otpornoj na toplinu iznad posude s vrućom vodom da omekša, ako je potrebno, prije upotrebe.

Glazura od maslaca

Dovoljno za punjenje i prekrivanje jedne torte od 20 cm/8

100 g/4 oz/½ šalice maslaca ili margarina, omekšalog

225 g/8 oz/11/3 šalice šećera u prahu (poslastičarskog), prosijanog

30 ml/2 žlice mlijeka

Umutiti maslac ili margarin dok ne omekša. Postupno tucite šećer u prahu i mlijeko dok se dobro ne sjedine.

Glazura od čokoladnog maslaca

Dovoljno za punjenje i prekrivanje jedne torte od 20 cm/8

30 ml/2 žlice kakaa (nezaslađene čokolade) u prahu

15 ml/1 žlica kipuće vode

100 g/4 oz/½ šalice maslaca ili margarina, omekšalog

225 g/8 oz/11/3 šalice šećera u prahu (poslastičarskog), prosijanog

15 ml/1 žlica mlijeka

Pomiješajte kakao u pastu s kipućom vodom, a zatim ostavite da se ohladi. Umutiti maslac ili margarin dok ne omekša. Postupno umiješajte šećer u prahu, mlijeko i smjesu kakaa dok se dobro ne sjedine.

Glazura od maslaca od bijele čokolade

Dovoljno za punjenje i prekrivanje jedne torte od 20 cm/8

100 g/4 oz/1 šalica bijele čokolade

100 g/4 oz/½ šalice maslaca ili margarina, omekšalog

225 g/8 oz/11/3 šalice šećera u prahu (poslastičarskog), prosijanog

15 ml/1 žlica mlijeka

Otopite čokoladu u posudi otpornoj na toplinu postavljenoj iznad posude s lagano ključanom vodom, a zatim ostavite da se malo ohladi. Umutiti maslac ili margarin dok ne omekša. Postupno umiješajte šećer u prahu, mlijeko i čokoladu dok se dobro ne sjedine.

Glazura od maslaca od kave

Dovoljno za punjenje i prekrivanje jedne torte od 20 cm/8

100 g/4 oz/½ šalice maslaca ili margarina, omekšalog

225 g/8 oz/11/3 šalice šećera u prahu (poslastičarskog), prosijanog

15 ml/1 žlica mlijeka

15 ml/1 žlica esencije kave (ekstrakt)

Umutiti maslac ili margarin dok ne omekša. Postupno tucite šećer u prahu, mlijeko i esenciju kave dok se dobro ne izmiješaju.

Glazura od limunovog maslaca

Dovoljno za punjenje i prekrivanje jedne torte od 20 cm/8

100 g/4 oz/½ šalice maslaca ili margarina, omekšalog

225 g/8 oz/11/3 šalice šećera u prahu (poslastičarskog), prosijanog

30 ml/2 žlice soka od limuna

Naribana korica 1 limuna

Umutiti maslac ili margarin dok ne omekša. Postupno umiješajte šećer u prahu, limunov sok i koricu dok se dobro ne sjedine.

Glazura od narančinog maslaca

Dovoljno za punjenje i prekrivanje jedne torte od 20 cm/8

100 g/4 oz/½ šalice maslaca ili margarina, omekšalog

225 g/8 oz/11/3 šalice šećera u prahu (poslastičarskog), prosijanog

30 ml/2 žlice soka od naranče

Naribana korica 1 naranče

Umutiti maslac ili margarin dok ne omekša. Postupno umiješajte šećer u prahu, sok od naranče i koricu dok se dobro ne sjedine.

Glazura od krem sira

Dovoljno za prekrivanje jedne torte od 25 cm/9

75 g/3 oz/1/3 šalice krem sira

30 ml/2 žlice maslaca ili margarina

350 g/12 oz/2 šalice šećera u prahu (poslastičarskog), prosijanog

5 ml/1 žličica esencije vanilije (ekstrakt)

Pomiješajte sir i maslac ili margarin dok ne postane svijetlo i pjenasto. Postupno umiješajte šećer u prahu i aromu vanilije dok ne dobijete glatku, kremastu glazuru.

Raženi kruh s pšeničnim klicama

Za jednu štrucu od 450 g/1 lb

15 g/½ oz svježeg kvasca ili 20 ml/4 žličice suhog kvasca

5 ml/1 žličica šećera

450 ml/¾ pt/2 šalice tople vode

350 g/12 oz/3 šalice raženog brašna

225 g/8 oz/2 šalice glatkog (višenamjenskog) brašna

50 g/2 oz/½ šalice pšeničnih klica

10 ml/2 žličice soli

45 ml/3 žlice crnog melase (melase)

15 ml/1 žlica ulja

Pomiješajte kvasac sa šećerom i malo tople vode, pa ostavite na toplom mjestu dok se ne zapjeni. Pomiješajte brašno, pšenične klice i sol i napravite udubinu u sredini. Umiješajte smjesu kvasca s melasom i uljem i zamijesite mekano tijesto. Istresti na pobrašnjenu površinu i miješsiti 10 minuta dok ne postane glatko i elastično, ili ga preraditi u multipraktiku. Stavite u nauljenu zdjelu, prekrijte nauljenom prozirnom folijom (plastičnom folijom) i ostavite na toplom mjestu oko 1 sat dok se ne udvostruči.

Ponovo premijesite, zatim oblikujte štrucu i stavite na podmazan lim za pečenje (kolačiće). Pokriti nauljenom prozirnom folijom i ostaviti da se diže dok se ne udvostruči.

Pecite u prethodno zagrijanoj pećnici na 220°C/425°F/plinska oznaka 7 15 minuta. Smanjite temperaturu pećnice na 190°C/375°F/plinska oznaka 5 i pecite daljnjih 40 minuta dok štruca ne zvuči šuplje kada se lupka o podlogu.

Sally Lunn

Napravi dvije štruce od 450 g/1 lb

500 ml/16 tečnih oz/2 šalice mlijeka

25 g/1 oz/2 žlice maslaca ili margarina

30 ml/2 žlice sitnog (superfinog) šećera

10 ml/2 žličice soli

20 ml/4 žličice suhog kvasca

60 ml/4 žlice tople vode

900 g/2 lb/8 šalica oštrog glatkog brašna (za kruh).

3 jaja, istučena

Mlijeko zakuhati da zakuha, zatim dodati maslac ili margarin, šećer i sol i dobro promiješati. Ostaviti da se ohladi dok ne bude mlako. Otopiti kvasac u toploj vodi. Stavite brašno u veliku zdjelu i umiješajte mlijeko, kvasac i jaja. Zamijesite mekano tijesto i mijesite dok ne postane elastično i ne bude više ljepljivo. Pokriti nauljenom prozirnom folijom (plastičnom folijom) i ostaviti da se diže 30 minuta.

Ponovo premijesiti tijesto, zatim pokriti i ostaviti da se diže. Premijesiti i treći put, pa pokriti i ostaviti da nadođe.

Oblikujte tijesto i stavite u dva namašćena kalupa za kruh (tepsije) od 450 g/1 lb. Pokrijte i ostavite da se diže dok se volumen ne udvostruči. Pecite u prethodno zagrijanoj pećnici na 190°C/375°F/plinska oznaka 5 45 minuta dok ne poprime zlatnu boju na vrhu i dok štruce ne zvuče šuplje kada se lupka o podlogu.

Samos kruh

Napravi tri kruha od 450 g/1 lb

15 g/½ oz svježeg kvasca ili 20 ml/4 žličice suhog kvasca

15 ml/1 žlica sladnog ekstrakta

600 ml/1 pt/2½ šalice tople vode

25 g/1 oz/2 žlice biljne masti (smaj)

900 g/2 lb/8 šalica integralnog (cjelovitog) brašna

30 ml/2 žlice mlijeka u prahu (bezmasnog suhog mlijeka)

10 ml/2 žličice soli

15 ml/1 žlica bistrog meda

50 g/2 oz/½ šalice sjemenki sezama, prženih

25 g/1 oz/¼ šalice prženih sjemenki suncokreta

Pomiješajte kvasac s ekstraktom slada i malo tople vode i ostavite na toplom mjestu 10 minuta dok ne postane pjenasto. Utrljajte mast u brašno i mlijeko u prahu, zatim umiješajte sol i napravite udubinu u sredini. Ulijte smjesu kvasca, preostalu toplu vodu i med i zamijesite tijesto. Dobro miješajte dok ne postane glatko i elastično. Dodajte sjemenke i miješajte još 5 minuta dok se dobro ne sjedini. Oblikujte tri štruce od 450 g/1 lb i stavite na podmazan lim za pečenje (kolačiće). Pokrijte nauljenom prozirnom folijom (plastičnom folijom) i ostavite na toplom mjestu 40 minuta dok se ne udvostruči.

Pecite u prethodno zagrijanoj pećnici na 230°F/450°F/plinska oznaka 8 30 minuta dok ne poprimi zlatnosmeđu boju i ne zvuči šuplje kada se lupka po podlozi.

Baps sa sezamom

Čini 12

25 g/1 oz svježeg kvasca ili 40 ml/2½ žlice suhog kvasca

5 ml/1 žličica sitnog (superfinog) šećera

150 ml/¼ pt/2/3 šalice toplog mlijeka

450 g/1 lb/4 šalice oštrog glatkog brašna (za kruh).

5 ml/1 žličica soli

25 g/1 oz/2 žlice svinjske masti (maslina)

150 ml/¼ pt/2/3 šalice tople vode

30 ml/2 žlice sjemenki sezama

Pomiješajte kvasac sa šećerom i malo toplog mlijeka i ostavite na toplom mjestu dok se ne zapjeni. U posudi pomiješajte brašno i sol, utrljajte mast i napravite udubinu u sredini. Ulijte smjesu od kvasca, preostalog mlijeka i vode i zamijesite mekano tijesto. Istresti na pobrašnjenu površinu i mijesiti 10 minuta dok ne postane glatko i elastično, ili ga preraditi u multipraktiku. Stavite u nauljenu zdjelu, prekrijte nauljenom prozirnom folijom (plastičnom folijom) i ostavite na toplom mjestu oko 1 sat dok se ne udvostruči.

Ponovno premijesiti i oblikovati 12 kiflica, malo ih spljoštiti i redati u podmazan pleh (tepsiju). Pokrijte nauljenom prozirnom folijom (plastičnom folijom) i ostavite da se diže 20 minuta na toplom mjestu.

Premažite vodom, pospite sjemenkama i pecite u prethodno zagrijanoj pećnici na 220°C/425°F/plinska oznaka 7 15 minuta dok ne porumene.

Predjelo od kiselog tijesta

Čini oko 450 g/1 lb

450 ml/¾ pt/2 šalice mlake vode

25 g/1 oz svježeg kvasca ili 40 ml/2½ žlice suhog kvasca

225 g/8 oz/2 šalice glatkog (višenamjenskog) brašna

2,5 ml/½ žličice soli

Hraniti:

225 g/8 oz/2 šalice glatkog (višenamjenskog) brašna

450 ml/¾ pt/2 šalice mlake vode

Pomiješajte glavne sastojke u zdjeli, prekrijte gazom (gazom) i ostavite na toplom mjestu 24 sata. Dodajte 50 g/2 oz/½ šalice glatkog brašna i 120 ml/4 fl oz/½ šalice mlake vode, poklopite i ostavite još 24 sata. Ponovite tri puta, do tada smjesa treba zamirisati na kiselo, pa prebacite u hladnjak. Svaki starter koji koristite zamijenite jednakom mješavinom mlake vode i brašna.

Soda kruh

Čini jednu štrucu od 20 cm/8

450 g/1 lb/4 šalice glatkog (višenamjenskog) brašna

10 ml/2 žličice sode bikarbone (soda bikarbona)

10 ml/2 žličice kreme od zubnog kamenca

5 ml/1 žličica soli

25 g/1 oz/2 žlice svinjske masti (maslina)

5 ml/1 žličica sitnog (superfinog) šećera

15 ml/1 žlica soka od limuna

300 ml/½ pt/1¼ šalice mlijeka

Pomiješajte brašno, sodu bikarbonu, tartar kremu i sol. Utrljajte mast dok smjesa ne podsjeća na prezle. Umiješajte šećer. Umiješajte limunov sok u mlijeko, a zatim ga umiješajte u suhe sastojke dok ne dobijete mekano tijesto. Lagano premijesite, zatim oblikujte tijesto u krug od 20 cm/8 u i malo ga poravnajte. Stavite ga na pobrašnjen pleh i oštricom noža razrežite na četvrtine. Pecite u prethodno zagrijanoj pećnici na 200°C/400°F/plinska oznaka 6 oko 30 minuta dok se na vrhu ne poprimi korica. Ostavite da se ohladi prije posluživanja.

Kruh od kiselog tijesta

Pravi dvije štruce od 350 g/12 oz

250 ml/8 tečnih oz/1 šalica mlake vode

15 ml/1 žlica sitnog (superfinog) šećera

30 ml/2 žlice otopljenog maslaca ili margarina

15 ml/1 žlica soli

250 ml/8 tečnih oz/1 šalica predjela od kiselog tijesta

2,5 ml/½ žličice sode bikarbone (soda bikarbona)

450 g/1 lb/4 šalice glatkog (višenamjenskog) brašna

Pomiješajte vodu, šećer, maslac ili margarin i sol. Dizalo tijesto pomiješajte sa sodom bikarbonom i umiješajte u smjesu pa umiješajte brašno u čvrstu smjesu. Mijesite tijesto dok nije glatko i glatko, dodajući po potrebi još malo brašna. Stavite u nauljenu zdjelu, prekrijte nauljenom prozirnom folijom (plastičnom folijom) i ostavite na toplom mjestu oko 1 sat dok se ne udvostruči.

Ponovno lagano premijesiti i oblikovati dvije pogače. Stavite na podmazan lim za pečenje (kolačiće), prekrijte nauljenom prozirnom folijom i ostavite da se diže oko 40 minuta dok se ne udvostruči.

Pecite u prethodno zagrijanoj pećnici na 190°C/375°F/plinska oznaka 5 oko 40 minuta dok ne poprime zlatnosmeđu boju i ne zvuči šuplje kada se lupka po podlozi.

Kiflice od dizanog tijesta

Čini 12

50 g/2 oz/¼ šalice maslaca ili margarina

175 g/6 oz/1½ šalice glatkog (višenamjenskog) brašna

5 ml/1 žličica soli

2,5 ml/½ žličice sode bikarbone (soda bikarbona)

250 ml/8 tečnih oz/1 šalica predjela od kiselog tijesta

Malo otopljenog putera ili margarina za glazuru

Maslac ili margarin utrljajte u brašno i sol dok smjesa ne podsjeća na krušne mrvice. Sodu bikarbonu umiješajte u starter, pa umiješajte u brašno i zamijesite čvrsto tijesto. Mijesite dok ne bude glatko i više ne bude ljepljivo. Oblikujte male kolutiće i dobro razmaknute složite u podmazan lim za pečenje (kolačiće). Premažite vrhove maslacem ili margarinom, prekrijte nauljenom prozirnom folijom (plastičnom folijom) i ostavite da se diže oko 1 sat dok se ne udvostruči. Pecite u prethodno zagrijanoj pećnici na 220°C/425°F/plinska oznaka 8 15 minuta dok ne porumene.

Bečka štruca

Za jednu štrucu od 675 g/1½ lb

15 g/½ oz svježeg kvasca ili 20 ml/4 žličice suhog kvasca

5 ml/1 žličica sitnog (superfinog) šećera

300 ml/½ pt/1¼ šalice toplog mlijeka

40 g/1½ oz/3 žlice maslaca ili margarina

450 g/1 lb/4 šalice oštrog glatkog brašna (za kruh).

5 ml/1 žličica soli

1 jaje, dobro umućeno

Pomiješajte kvasac sa šećerom i malo toplog mlijeka i ostavite na toplom mjestu dok se ne zapjeni. Maslac ili margarin otopiti i dodati preostalo mlijeko. Pomiješajte mješavinu kvasca, smjesu maslaca, brašna, soli i jaja da dobijete mekano tijesto. Mijesite dok ne bude glatko i više ne bude ljepljivo. Stavite u nauljenu zdjelu, prekrijte nauljenom prozirnom folijom (plastičnom folijom) i ostavite na toplom mjestu oko 1 sat dok se ne udvostruči.

Ponovno premijesite tijesto, zatim oblikujte štrucu i stavite na podmazan lim za pečenje (kolačiće). Prekriti nauljenom prozirnom folijom i ostaviti da se diže na toplom 20 minuta.

Pecite u prethodno zagrijanoj pećnici na 230°C/450°F/plinska oznaka 8 25 minuta dok ne poprimi zlatnu boju i ne zvuči šuplje kada se lupka po podlozi.

Kruh od cjelovitog brašna

Napravi dvije štruce od 450 g/1 lb

15 g/½ oz svježeg kvasca ili 20 ml/4 žličice suhog kvasca

5 ml/1 žličica šećera

300 ml/½ pt/1¼ šalice tople vode

550 g/1¼ lb/5 šalica integralnog (cjelovitog) brašna

5 ml/1 žličica soli

45 ml/3 žlice mlaćenice

Sjemenke sezama ili kima za posipanje (po želji)

Pomiješajte kvasac sa šećerom i malo tople vode i ostavite na toplom mjestu 20 minuta dok se ne zapjeni. Stavite brašno i sol u zdjelu i napravite udubinu u sredini. Umiješajte kvasac, preostalu vodu i mlaćenicu. Zamijesite čvrsto tijesto koje ostavlja čiste stijenke zdjele, dodajući još malo brašna ili vode ako je potrebno. Mijesite na lagano pobrašnjenoj površini ili u stroju dok ne postane elastično i ne bude više ljepljivo. Tijesto oblikujte u dva podmazana kalupa za kruh (tepsije) od 450 g/1 lb, prekrijte nauljenom prozirnom folijom (plastičnom folijom) i ostavite da se diže oko 45 minuta dok se tijesto ne digne malo iznad vrha kalupa.

Pospite sezamom ili kimom, ako koristite. Pecite u prethodno zagrijanoj pećnici na 230°C/450°F/plinska oznaka 8 15 minuta, zatim smanjite temperaturu pećnice na 190°C/375°F/plinska oznaka 5 i pecite još 25 minuta dok ne porumene i ne budu šuplje - zvuči pri lupkanju po bazi.

Integralni kruh s medom

Za jednu štrucu od 900 g/2 lb

15 g/½ oz svježeg kvasca ili 20 ml/4 žličice suhog kvasca

450 ml/¾ pt/2 šalice tople vode

45 ml/3 žlice set meda

50 g/2 oz/¼ šalice maslaca ili margarina

750 g/1½ lb/6 šalica integralnog (cjelovitog) brašna

2,5 ml/½ žličice soli

15 ml/1 žlica sjemenki sezama

Pomiješajte kvasac s malo vode i malo meda i ostavite na toplom mjestu 20 minuta dok se ne zapjeni. Maslac ili margarin utrljajte u brašno i sol, zatim umiješajte smjesu kvasca i preostalu vodu i med dok ne dobijete mekano tijesto. Mijesite dok ne postane elastično i ne bude više ljepljivo. Stavite u nauljenu zdjelu, prekrijte nauljenom prozirnom folijom (plastičnom folijom) i ostavite na toplom mjestu oko 1 sat dok se ne udvostruči.

Ponovno premijesite i oblikujte u podmazan kalup za kruh (tepsiju) od 900 g/2 lb. Pokrijte nauljenom prozirnom folijom i ostavite da se diže 20 minuta dok tijesto ne izraste iznad vrha kalupa.

Pecite u prethodno zagrijanoj pećnici na 220°C/425°F/plinska oznaka 7 15 minuta. Smanjite temperaturu pećnice na 190°C/375°F/plinska oznaka 5 i pecite još 20 minuta dok štruca ne porumeni i ne zvuči šuplje kada se lupka o podlogu.

Brze kiflice od integralnog brašna

Čini 12

20 ml/4 žličice suhog kvasca

375 ml/13 fl oz/1½ šalice tople vode

50 g/2 oz/¼ šalice mekog smeđeg šećera

100 g/4 oz/1 šalica integralnog (cjelovitog) brašna

100 g/4 oz/1 šalica glatkog (višenamjenskog) brašna

5 ml/1 žličica soli

Kvasac pomiješajte s vodom i malo šećera i ostavite na toplom mjestu dok se ne zapjeni. Umiješajte brašno i sol s preostalim šećerom i zamijesite mekano tijesto. Žlicom stavite tijesto u kalupe (tepsije) za muffine i ostavite da se diže 20 minuta dok se tijesto ne digne do vrha kalupa.

Pecite u prethodno zagrijanoj pećnici na 180°C/350°F/plinska oznaka 4 30 minuta dok dobro ne naraste i ne porumene.

Integralni kruh s orasima

Za jednu štrucu od 900 g/2 lb

15 g/½ oz svježeg kvasca ili 20 ml/4 žličice suhog kvasca

5 ml/1 žličica mekog smeđeg šećera

450 ml/¾ pt/2 šalice tople vode

450 g/1 lb/4 šalice integralnog (cjelovitog) brašna

175 g/6 oz/1½ šalice oštrog glatkog brašna (za kruh).

5 ml/1 žličica soli

15 ml/1 žlica orahovog ulja

100 g/4 oz/1 šalica oraha, grubo nasjeckanih

Pomiješajte kvasac sa šećerom i malo tople vode i ostavite na toplom mjestu 20 minuta dok se ne zapjeni. U zdjeli pomiješajte brašno i sol, dodajte smjesu od kvasca, ulje i preostalu toplu vodu te zamijesite čvrsto tijesto. Mijesite dok ne bude glatko i više ne bude ljepljivo. Stavite u nauljenu zdjelu, prekrijte nauljenom prozirnom folijom (plastičnom folijom) i ostavite na toplom mjestu oko 1 sat dok se ne udvostruči.

Ponovno lagano premijesite i dodajte orahe, zatim oblikujte u namašćeni kalup za kruh (tepsiju) od 900 g/2 lb, prekrijte nauljenom prozirnom folijom i ostavite na toplom mjestu 30 minuta dok se tijesto ne digne iznad vrha kalupa.

Pecite u prethodno zagrijanoj pećnici na 220°C/425°F/plinska oznaka 7 30 minuta dok ne poprime zlatnosmeđu boju i ne zvuči šuplje kada se lupka po podlozi.

Pletenica od badema

Za jednu štrucu od 450 g/1 lb

15 g/½ oz svježeg kvasca ili 20 ml/4 žličice suhog kvasca

40 g/1½ oz/3 žlice sitnog (vrlo finog) šećera

100 ml/3½ tečne oz/6½ žlice toplog mlijeka

350 g/12 oz/3 šalice oštrog glatkog brašna (za kruh).

2,5 ml/½ žličice soli

50 g/2 oz/¼ šalice maslaca ili margarina, otopljenog

1 jaje

Za nadjev i glazuru:

50 g/2 oz paste od badema

45 ml/3 žlice džema od marelica (sačuvati)

50 g /2 oz/1/3 šalice grožđica

50 g/2 oz/½ šalice nasjeckanih badema

1 žumanjak

Pomiješajte kvasac s 5 ml/1 žličicom šećera i malo mlijeka i ostavite na toplom mjestu 20 minuta dok ne postane pjenasto. Pomiješajte brašno i sol u posudi i napravite udubinu u sredini. Umiješajte kvasac, preostali šećer i mlijeko, otopljeni maslac ili margarin i jaje te zamijesite glatko tijesto. Mijesite dok ne postane elastično i ne bude više ljepljivo. Stavite u nauljenu zdjelu, prekrijte nauljenom prozirnom folijom (plastičnom folijom) i ostavite na toplom mjestu oko 1 sat dok se ne udvostruči.

Razvaljajte tijesto na lagano pobrašnjenoj površini na pravokutnik 30 x 40 cm/12 x 16 in. Pomiješajte sastojke za nadjev osim žumanjka i izradite dok ne dobijete glatku smjesu, a zatim rasporedite jednu trećinu tijesta po sredini. Izrežite vanjske dvije trećine tijesta od rubova pod kutom prema nadjevu u razmacima od oko 2 cm/¾. Presavijte naizmjenično lijevu i desnu traku preko nadjeva i čvrsto spojite krajeve. Stavite na podmazan lim za pečenje (kolačiće), pokrijte i ostavite na toplom mjestu 30 minuta dok se ne udvostruči. Premažite žumanjkom i pecite u prethodno zagrijanoj pećnici na 190°C/375°F/plinska oznaka 5 30 minuta dok ne porumene.

Brioši

Čini 12

15 g/½ oz svježeg kvasca ili 20 ml/4 žličice suhog kvasca

30 ml/2 žlice tople vode

2 jaja, lagano tučena

225 g/8 oz/2 šalice oštrog glatkog brašna (za kruh).

15 ml/1 žlica sitnog (superfinog) šećera

2,5 ml/½ žličice soli

50 g/2 oz/¼ šalice maslaca ili margarina, otopljenog

Pomiješajte kvasac, vodu i jaja pa umiješajte brašno, šećer, sol i maslac ili margarin i zamijesite mekano tijesto. Mijesite dok ne postane elastično i ne bude više ljepljivo. Stavite u nauljenu zdjelu, poklopite i ostavite na toplom oko 1 sat dok se ne udvostruči.

Ponovno premijesiti, podijeliti na 12 dijelova, pa od svakog dijela odlomiti po jednu lopticu. Veće komade oblikujte u kuglice i stavite u 7,5 cm/3 u rebraste kalupe za brioše ili muffine. Provucite prst kroz tijesto, zatim pritisnite preostale kuglice tijesta na vrh. Pokrijte i ostavite na toplom mjestu oko 30 minuta dok tijesto ne dosegne tik iznad vrhova kalupa.

Pecite u prethodno zagrijanoj pećnici na 230°C/450°F/plinska oznaka 8 10 minuta dok ne porumene.

Pleteni brioš

Za jednu štrucu od 675 g/1½ lb

25 g/1 oz svježeg kvasca ili 40 ml/2½ žlice suhog kvasca

5 ml/1 žličica sitnog (superfinog) šećera

250 ml/8 tečnih oz/1 šalica toplog mlijeka

675 g/1½ lb/6 šalica oštrog glatkog brašna (za kruh).

5 ml/1 žličica soli

1 jaje, tučeno

150 ml/¼ pt/2/3 šalice tople vode

1 žumanjak

Pomiješajte kvasac sa šećerom s malo toplog mlijeka i ostavite na toplom 20 minuta dok ne postane pjenasto. Pomiješajte brašno i sol i napravite udubinu u sredini. Dodajte jaje, smjesu kvasca, preostalo toplo mlijeko i dovoljno tople vode da zamijesite mekano tijesto. Mijesite dok ne omekša i više se ne lijepi. Stavite u nauljenu zdjelu, prekrijte nauljenom prozirnom folijom (plastičnom folijom) i ostavite na toplom mjestu oko 1 sat dok se ne udvostruči.

Tijesto lagano premijesite, pa podijelite na četvrtine. Tri komada razvaljajte u tanke trake dužine oko 38 cm/15 in. Navlažite jedan kraj svake trake i pritisnite ih zajedno, zatim spojite trake zajedno, navlažite i pričvrstite krajeve. Stavite na podmazan lim za pečenje (kolačiće). Preostali dio tijesta podijelite na tri dijela, razvaljajte u trake od 38 cm/15 i na isti način upletite u tanju pletenicu. Umutite žumanjak sa 15 ml/1 žlicom vode i kistom premažite veliku pletenicu. Lagano pritisnite manju pletenicu na vrhu i premažite glazurom od jaja. Pokrijte i ostavite na toplom mjestu da se diže 40 minuta.

Pecite u prethodno zagrijanoj pećnici na 200°C/400°F/plinska oznaka 6 45 minuta dok ne poprime zlatnosmeđu boju i ne zvuči šuplje kada se lupka po podlozi.

Brioši od jabuka

Čini 12

Za tijesto:

15 g/½ oz svježeg kvasca ili 10 ml/2 žličice suhog kvasca

75 ml/5 žlica toplog mlijeka

100 g/4 oz/1 šalica integralnog (cjelovitog) brašna

350 g/12 oz/3 šalice oštrog glatkog brašna (za kruh).

30 ml/2 žlice bistrog meda

4 jaja

Prstohvat soli

200 g/7 oz/malo 1 šalica maslaca ili margarina, otopljenog

Za nadjev:

75 g/3 oz pirea od jabuke (umak)

25 g/1 oz/¼ šalice integralnih (integralnih) krušnih mrvica

25 g/3 oz/½ šalice sultanije (zlatne grožđice)

2,5 ml/½ žličice mljevenog cimeta

1 jaje, tučeno

Za izradu tijesta pomiješajte kvasac sa toplim mlijekom i integralnim brašnom i ostavite na toplom 20 minuta da fermentira. Dodajte glatko brašno, med, jaja i sol i dobro umijesite. Prelijte otopljenim maslacem ili margarinom i nastavite mijesiti dok tijesto ne postane elastično i glatko. Stavite u nauljenu zdjelu, prekrijte nauljenom prozirnom folijom (plastičnom folijom) i ostavite na toplom mjestu oko 1 sat dok se ne udvostruči.

Pomiješajte sve sastojke za nadjev osim jaja. Tijesto oblikujte u 12 komada, pa svakom komadu odvojite jednu trećinu. Oblikujte veće komade tako da odgovaraju podmazanim kalupima za brioche ili muffine. Drškom prsta ili vilice utisnite veliku rupu skoro do podloge i napunite nadjevom. Svaki od manjih dijelova tijesta oblikujte u kuglu, navlažite gornji dio tijesta i pritisnite preko nadjeva da ga zatvorite u brioš. Pokrijte i ostavite na toplom mjestu 40 minuta dok se gotovo ne udvostruči.

Premažite razmućenim jajetom i pecite u prethodno zagrijanoj pećnici na 220°C/425°F/plinska oznaka 7 15 minuta dok ne porumene.

Brioši od tofua i orašastih plodova

Čini 12

Za tijesto:

15 g/½ oz svježeg kvasca ili 20 ml/4 žličice suhog kvasca

75 ml/5 žlica toplog mlijeka

100 g/4 oz/1 šalica integralnog (cjelovitog) brašna

350 g/12 oz/3 šalice oštrog glatkog brašna (za kruh).

30 ml/2 žličice bistrog meda

4 jaja

Prstohvat soli

200 g/7 oz/malo 1 šalica maslaca ili margarina, otopljenog

Za nadjev:

50 g/2 oz/¼ šalice tofua, narezanog na kockice

25 g/1 oz/¼ šalice indijskih oraščića, prženih i nasjeckanih

25 g/1 oz nasjeckanog miješanog povrća

½ luka, nasjeckanog

1 češanj češnjaka, nasjeckan

2,5 ml/½ žličice suhe mješavine bilja

2,5 ml/½ žličice francuskog senfa

1 jaje, tučeno

Za izradu tijesta pomiješajte kvasac sa toplim mlijekom i integralnim brašnom i ostavite na toplom 20 minuta da fermentira. Dodajte glatko brašno, med, jaja i sol i dobro umijesite. Prelijte otopljenim maslacem ili margarinom i nastavite mijesiti dok tijesto ne postane elastično i glatko. Stavite u nauljenu zdjelu, prekrijte nauljenom prozirnom folijom (plastičnom folijom) i ostavite na toplom mjestu oko 1 sat dok se ne udvostruči.

Pomiješajte sve sastojke za nadjev osim jaja. Tijesto oblikujte u 12 komada, pa svakom komadu odvojite jednu trećinu. Oblikujte veće komade tako da odgovaraju podmazanim kalupima za brioche ili muffine. Drškom prsta ili vilice utisnite veliku rupu skoro do podloge i napunite nadjevom. Svaki od manjih dijelova tijesta oblikujte u kuglu, navlažite gornji dio tijesta i pritisnite preko nadjeva da ga zatvorite u brioš. Pokrijte i ostavite na toplom mjestu 40 minuta dok se gotovo ne udvostruči.

Premažite razmućenim jajetom i pecite u prethodno zagrijanoj pećnici na 220°C/425°F/plinska oznaka 7 15 minuta dok ne porumene.

Chelsea punđe

Čini 9

225 g/8 oz/2 šalice oštrog glatkog brašna (za kruh).

5 ml/1 žličica sitnog (superfinog) šećera

15 g/½ oz svježeg kvasca ili 20 ml/4 žličice suhog kvasca

120 ml/4 fl oz/½ šalice toplog mlijeka

Prstohvat soli

15 g/½ oz/1 žlica maslaca ili margarina

1 jaje, tučeno

Za nadjev:
75 g/3 oz/½ šalice miješanog suhog voća (mješavina za voćni kolač)

25 g/1 oz/3 žlice nasjeckane miješane (kandirane) kore

50 g/2 oz/¼ šalice mekog smeđeg šećera

Malo bistrog meda za glazuru

Pomiješajte 50 g/2 oz/¼ šalice brašna, sitni šećer, kvasac i malo mlijeka i ostavite na toplom mjestu 20 minuta dok ne postane pjenasto. Preostalo brašno i sol pomiješajte i utrljajte u maslac ili margarin. Umiješajte jaje, smjesu kvasca i preostalo toplo mlijeko i zamijesite tijesto. Mijesite dok ne postane elastično i ne bude više ljepljivo. Stavite u nauljenu zdjelu, prekrijte nauljenom prozirnom folijom (plastičnom folijom) i ostavite na toplom mjestu oko 1 sat dok se ne udvostruči.

Ponovo premijesite i razvaljajte na pravokutnik 33 x 23 cm/13 x 9 in. Pomiješajte sve sastojke za nadjev osim meda i rasporedite po tijestu. Zarolajte s jedne duže strane i zalijepite rub s malo vode. Rolat isjeći na devet jednakih dijelova i staviti u malo podmazan pleh (pleh). Pokrijte i ostavite na toplom mjestu 30 minuta dok se ne udvostruči.

Pecite u prethodno zagrijanoj pećnici na 190°C/375°F/plinska oznaka 5 25 minuta dok ne porumene. Izvadite iz pećnice i premažite medom pa ostavite da se ohladi.

Peciva za kavu

Čini 16

225 g/8 oz/1 šalica maslaca ili margarina

450 g/1 lb/4 šalice integralnog (cjelovitog) brašna

20 ml/4 žličice praška za pecivo

5 ml/1 žličica soli

225 g/8 oz/1 šalica mekog smeđeg šećera

2 jaja, lagano tučena

100 g/4 oz/2/3 šalice ribiza

5 ml/1 žličica instant kave u prahu

15 ml/1 žlica vruće vode

75 ml/5 žlica bistrog meda

Maslac ili margarin utrljajte u brašno, prašak za pecivo i sol dok smjesa ne bude poput krušnih mrvica. Umiješajte šećer. Umutite jaja da dobijete mekano ali neljepljivo tijesto pa umiješajte ribizle. Kavu u prahu otopite u vrućoj vodi i dodajte u tijesto. Oblikujte 16 spljoštenih kuglica i stavite, dobro razmaknute, na podmazan lim za pečenje (kolačiće). Pritisnite prst u sredinu svake kiflice i dodajte žličicu meda. Pecite u prethodno zagrijanoj pećnici na 220°C/425°F/plinska oznaka 7 10 minuta dok ne poprimi svijetlu i zlatnosmeđu boju.

Crème Fraîche kruh

Napravi dvije štruce od 450 g/1 lb

25 g/1 oz svježeg kvasca ili 40 ml/2½ žlice suhog kvasca

75 g/3 oz/1/3 šalice mekog smeđeg šećera

60 ml/4 žlice tople vode

60 ml/4 žlice crème fraîche, na sobnoj temperaturi

350 g/12 oz/3 šalice glatkog (višenamjenskog) brašna

5 ml/1 žličica soli

Prstohvat naribanog muškatnog oraščića

3 jaja

50 g/2 oz/¼ šalice maslaca ili margarina

Malo mlijeka i šećera za glazuru

Pomiješajte kvasac s 5 ml/1 žličicom šećera i toplom vodom i ostavite na toplom mjestu 20 minuta dok se ne zapjeni. Creme fraîche umiješajte u kvasac. Stavite brašno, sol i muškatni oraščić u zdjelu i napravite udubinu u sredini. Umiješajte smjesu od kvasca, jaja i maslaca i izradite mekano tijesto. Mijesite dok ne postane glatko i elastično. Stavite u nauljenu zdjelu, prekrijte nauljenom prozirnom folijom (plastičnom folijom) i ostavite na toplom mjestu oko 1 sat dok se ne udvostruči.

Ponovno premijesite tijesto, a zatim ga oblikujte u dva kalupa (tepsije) od 450 g/1 lb. Pokrijte i ostavite na toplom mjestu 35 minuta dok se ne udvostruči.

Pogačice premažite s malo mlijeka po vrhu, pa pospite šećerom. Pecite u prethodno zagrijanoj pećnici na 180°C/350°F/plinska oznaka 4 30 minuta. Ostavite da se hladi u kalupu 10 minuta, zatim preokrenite na rešetku da se ohladi.

Kroasani

Čini 12

25 g/1 oz/2 žlice svinjske masti (maslina)

450 g/1 lb/4 šalice oštrog glatkog brašna (za kruh).

2,5 ml/½ žličice sitnog (superfinog) šećera

10 ml/2 žličice soli

25 g/1 oz svježeg kvasca ili 40 ml/2½ žlice suhog kvasca

250 ml/8 tečnih oz/1 šalica tople vode

2 jaja, lagano tučena

100 g/4 oz/½ šalice maslaca ili margarina, narezanog na kockice

Utrljajte mast u brašno, šećer i sol dok smjesa ne bude poput krušnih mrvica, a zatim napravite udubinu u sredini. Kvasac pomiješajte s vodom, pa dodajte u brašno s jednim jajetom. Zamijesite smjesu dok ne dobijete mekano tijesto koje čisto napušta stijenke zdjele. Preokrenite na lagano pobrašnjenu površinu i mijesite dok ne postane glatko i ne bude više ljepljivo. Razvaljajte tijesto na traku 20 x 50 cm/8 x 20 in. Gornje dvije trećine tijesta namažite jednom trećinom maslaca ili margarina, ostavljajući tanki razmak oko ruba. Nepremazan dio tijesta preklopite prema gore preko sljedeće trećine, a zatim preklopite gornju trećinu prema dolje preko toga. Rubove pritisnite zajedno da se zatvore i okrenite tijesto četvrtinu tako da presavijeni rub bude s vaše lijeve strane. Ponovite postupak sa sljedećom trećinom maslaca ili margarina, preklopite i ponovite još jednom tako da iskoristite svu masnoću. Presavijeno tijesto stavite u nauljenu polietilensku vrećicu i ohladite 30 minuta.

Razvaljajte, presavijte i okrenite tijesto još tri puta bez dodavanja masnoće. Vratite u vrećicu i ohladite 30 minuta.

Razvaljajte tijesto na pravokutnik 40 x 38 cm/16 x 15 in, odrežite rubove i izrežite na 12 15 cm/6 trokuta. Premažite trokute malo razmućenim jajetom i zarolajte od podloge, zatim savijte u obliku polumjeseca i stavite, razmaknute, na podmazan lim za pečenje (kolačiće). Premažite vrhove jajetom, pokrijte i ostavite na toplom oko 30 minuta.

Ponovo namažite vrhove jajetom, a zatim pecite u prethodno zagrijanoj pećnici na 230°C/425°F/ plinska oznaka 7 15-20 minuta dok ne porumene i napuhnu.

Sultan kroasani od integralnog brašna

Čini 12

25 g/1 oz/2 žlice svinjske masti (maslina)

225 g/8 oz/2 šalice oštrog glatkog brašna (za kruh).

225 g/8 oz/2 šalice integralnog (cjelovitog) brašna

10 ml/2 žličice soli

25 g/1 oz svježeg kvasca ili 40 ml/2½ žlice suhog kvasca

300 ml/½ pt/1¼ šalice tople vode

2 jaja, lagano tučena

100 g/4 oz/½ šalice maslaca ili margarina, narezanog na kockice

45 ml/3 žlice sultanije (zlatne grožđice)

2,5 ml/½ žličice sitnog (superfinog) šećera

Utrljajte mast u brašno i sol dok smjesa ne bude poput krušnih mrvica, a zatim napravite udubinu u sredini. Kvasac pomiješajte s vodom, pa dodajte u brašno s jednim jajetom. Zamijesite smjesu dok ne dobijete mekano tijesto koje čisto napušta stijenke zdjele. Preokrenite na lagano pobrašnjenu površinu i mijesite dok ne postane glatko i ne bude više ljepljivo. Razvaljajte tijesto na traku 20 x 50 cm/8 x 20 in. Gornje dvije trećine tijesta namažite jednom trećinom maslaca ili margarina, ostavljajući tanki razmak oko ruba. Nepremazan dio tijesta preklopite prema gore preko sljedeće trećine, a zatim preklopite gornju trećinu prema dolje preko toga. Rubove pritisnite zajedno da se zatvore i okrenite tijesto četvrtinu tako da presavijeni rub bude s vaše lijeve strane. Ponovite postupak sa sljedećom trećinom maslaca ili margarina, preklopite i ponovite još jednom tako da iskoristite svu masnoću. Presavijeno tijesto stavite u nauljenu polietilensku vrećicu i ohladite 30 minuta.

Razvaljajte, presavijte i okrenite tijesto još tri puta bez dodavanja masnoće. Vratite u vrećicu i ohladite 30 minuta.

Tijesto razvaljajte na pravokutnik veličine 40 x 38 cm/16 x 15 cm, odrežite rubove i izrežite na dvanaest trokuta veličine 15 cm/6 cm. Premažite trokute malo razmućenim jajetom, pospite sultanijom i šećerom i zarolajte od podloge, zatim savijte u obliku polumjeseca i dobro razmaknite stavite na podmazan lim za pečenje (kolačiće). Premažite vrhove jajetom, pokrijte i ostavite na toplom 30 minuta.

Ponovo namažite vrhove jajetom, a zatim pecite u prethodno zagrijanoj pećnici na 230°C/425°F/ plinska oznaka 7 15-20 minuta dok ne porumene i napuhnu.

Šumske runde

Pravi tri štruce od 350 g/12 oz

450 g/1 lb/4 šalice integralnog (cjelovitog) brašna

20 ml/4 žličice praška za pecivo

45 ml/3 žlice rogača u prahu

5 ml/1 žličica soli

50 g/2 oz/½ šalice mljevenih lješnjaka

50 g/2 oz/½ šalice sjeckanih miješanih orašastih plodova

75 g/3 oz/1/3 šalice biljne masti (smaj)

75 g/3 oz/¼ šalice bistrog meda

300 ml/½ pt/1¼ šalice mlijeka

2,5 ml/½ žličice esencije vanilije (ekstrakt)

1 jaje, tučeno

Pomiješajte suhe sastojke, zatim utrljajte biljnu mast. Otopite med u mlijeku i esenciju vanilije i umiješajte u suhe sastojke dok ne dobijete mekano tijesto. Oblikujte tri kruga i pritisnite da se malo spljošte. Svaku štrucu prerežite na šest dijelova i premažite razmućenim jajetom. Stavite na podmazan lim za pečenje (kolačiće) i pecite u prethodno zagrijanoj pećnici na 230°C/450°F/plinska oznaka 8 20 minuta dok se dobro ne dignu i ne porumene.

Nutty Twist

Za jednu štrucu od 450 g/1 lb

Za tijesto:

15 g/½ oz svježeg kvasca ili 20 ml/4 žličice suhog kvasca

40 g/1½ oz/3 žlice sitnog (vrlo finog) šećera

100 ml/3½ fl oz/6 ½ žlica toplog mlijeka

350 g/12 oz/3 šalice oštrog glatkog brašna (za kruh).

2,5 ml/½ žličice soli

50 g/2 oz/¼ šalice maslaca ili margarina, otopljenog

1 jaje

Za nadjev i glazuru:

100 g/4 oz/1 šalica mljevenih badema

2 bjelanjka

50 g/2 oz/¼ šalice sitnog (superfinog) šećera

2,5 ml/½ žličice mljevenog cimeta

100 g/4 oz/1 šalica mljevenih lješnjaka

1 žumanjak

Za izradu tijesta pomiješajte kvasac s 5 ml/1 žličicom šećera i malo mlijeka te ostavite na toplom mjestu 20 minuta dok ne postane pjenasto. Pomiješajte brašno i sol u posudi i napravite udubinu u sredini. Umiješajte kvasac, preostali šećer i mlijeko, otopljeni maslac ili margarin i jaje te zamijesite glatko tijesto. Mijesite dok ne postane elastično i ne bude više ljepljivo. Stavite u nauljenu zdjelu, prekrijte nauljenom prozirnom folijom (plastičnom folijom) i ostavite na toplom mjestu oko 1 sat dok se ne udvostruči.

Razvaljajte tijesto na lagano pobrašnjenoj površini na pravokutnik 30 x 40 cm/12 x 16 in. Miješajte sastojke za nadjev, osim žumanjka, dok ne dobijete glatku smjesu, a zatim rasporedite po tijestu, samo do rubova. Premažite rubove s malo žumanjka, pa zarolajte tijesto s duže strane. Prerežite tijesto točno na pola po dužini, zatim uvrnite dva dijela zajedno, spojite krajeve. Stavite na podmazan lim za pečenje (kolačiće), pokrijte i ostavite na toplom mjestu 30 minuta dok se ne udvostruči. Premažite žumanjkom i pecite u prethodno zagrijanoj pećnici na 190°C/375°F/plinska oznaka 5 30 minuta dok ne porumene.

Narančaste lepinje

Čini 24

Za tijesto:

25 g/1 oz svježeg kvasca ili 40 ml/2½ žlice suhog kvasca

120 ml/4 fl oz/½ šalice tople vode

75 g/3 oz/1/3 šalice sitnog (superfinog) šećera

100 g/4 oz/½ šalice svinjske masti (maslina), narezane na kockice

5 ml/1 žličica soli

250 ml/8 tečnih oz/1 šalica toplog mlijeka

60 ml/4 žlice soka od naranče

30 ml/2 žlice naribane narančine korice

2 jaja, istučena

675 g/1½ lb/6 šalica oštrog glatkog brašna (za kruh).

Za glazuru (glazuru):

250 g/9 oz/1½ šalice (poslastičarskog) šećera u prahu

5 ml/1 žličica naribane narančine korice

30 ml/2 žlice soka od naranče

Za izradu tijesta, otopite kvasac u toploj vodi s 5 ml/1 žličicom šećera i ostavite dok se ne zapjeni. U preostali šećer i sol umiješajte mast. Umiješajte mlijeko, sok od naranče, koricu i jaja, a zatim umiješajte smjesu kvasca. Postupno dodavati brašno i miješati u čvrsto tijesto. Dobro umijesiti. Stavite u podmazanu zdjelu, prekrijte nauljenom prozirnom folijom (plastičnom folijom) i ostavite na toplom mjestu oko 1 sat dok se ne udvostruči.

Razvaljajte na oko 2 cm/¾ debljine i izrežite krugove kalupom za kekse. Stavite malo razmaknuto na podmazan lim za pečenje (kolačiće) i ostavite na toplom mjestu 25 minuta. Ostaviti da se ohladi.

Za glazuru stavite šećer u zdjelu i umiješajte narančinu koricu. Postupno umiješajte sok od naranče dok ne dobijete čvrstu glazuru. Žlicom prelijevajte kiflice kad se ohlade i ostavite da se stegne.

Čokolada za bol

Čini 12

25 g/1 oz/2 žlice svinjske masti (maslina)

450 g/1 lb/4 šalice oštrog glatkog brašna (za kruh).

2,5 ml/½ žličice sitnog (superfinog) šećera

10 ml/2 žličice soli

25 g/1 oz svježeg kvasca ili 40 ml/2½ žlice suhog kvasca

250 ml/8 tečnih oz/1 šalica tople vode

2 jaja, lagano tučena

100 g/4 oz/½ šalice maslaca ili margarina, narezanog na kockice

100 g/4 oz/1 šalica obične (poluslatke) čokolade, razlomljene na 12 komada

Utrljajte mast u brašno, šećer i sol dok smjesa ne bude poput krušnih mrvica, a zatim napravite udubinu u sredini. Kvasac pomiješajte s vodom, pa dodajte u brašno s jednim jajetom. Zamijesite smjesu dok ne dobijete mekano tijesto koje čisto ostavlja zidove zdjele. Preokrenite na lagano pobrašnjenu površinu i mijesite dok ne postane glatko i ne bude više ljepljivo. Razvaljajte tijesto na traku 20 x 50 cm/8 x 20 in. Gornje dvije trećine tijesta namažite jednom trećinom maslaca ili margarina, ostavljajući tanki razmak oko ruba. Presavijte dio tijesta bez maslaca prema gore preko sljedeće trećine, zatim preklopite gornju trećinu prema dolje preko toga, pritisnite rubove zajedno da se spoje i okrenite tijesto na četvrtinu tako da presavijeni rub bude s vaše lijeve strane. Ponovite postupak sa sljedećom trećinom maslaca ili margarina, preklopite i ponovite još jednom tako da iskoristite svu masnoću. Presavijeno tijesto stavite u nauljenu polietilensku vrećicu i ohladite 30 minuta.

Razvaljajte, presavijte i okrenite tijesto još tri puta bez dodavanja masnoće. Vratite u vrećicu i ohladite 30 minuta.

Tijesto podijelite na 12 dijelova i razvaljajte u pravokutnike oko 5 cm/2 širine i 5 mm/¼ debljine. U sredinu svakog stavite komadić čokolade i zarolajte tako da obuhvatite čokoladu. Stavite dobro razdvojene na podmazan lim za pečenje (kolačiće). Premažite vrhove jajetom, pokrijte i ostavite na toplom 30 minuta.

Ponovo namažite vrhove jajetom, a zatim pecite u prethodno zagrijanoj pećnici na 230°C/425°F/ plinska oznaka 7 15-20 minuta dok ne porumene i napuhnu.

Pandolce

Napravi dvije štruce od 675 g/1½ lb

175 g/6 oz/1 šalica grožđica

45 ml/3 žlice marsale ili slatkog šerija

25 g/1 oz svježeg kvasca ili 40 ml/2½ žlice suhog kvasca

175 g/6 oz/¾ šalice sitnog (superfinog) šećera

400 ml/14 tečnih oz/1¾ šalice toplog mlijeka

900 g/2 lb/8 šalica glatkog (višenamjenskog) brašna

Prstohvat soli

45 ml/3 žlice vode od cvijeta naranče

75 g/3 oz/1/3 šalice maslaca ili margarina, otopljenog

50 g/2 oz/½ šalice pinjola

50 g/2 oz/½ šalice pistacija

10 ml/2 žličice zdrobljenih sjemenki komorača

50 g/2 oz/1/3 šalice kristalizirane (kandirane) limunove korice, nasjeckane

Naribana korica 1 naranče

Pomiješajte grožđice i marsalu i ostavite da se namoče. Pomiješajte kvasac s 5 ml/1 žličicom šećera i malo toplog mlijeka i ostavite na toplom mjestu 20 minuta dok ne postane pjenasto. Pomiješajte brašno, sol i preostali šećer u zdjeli i napravite udubinu u sredini. Pomiješajte smjesu s kvascem, preostalim toplim mlijekom i vodicom od narančinog cvijeta. Dodajte otopljeni maslac ili margarin i zamijesite mekano tijesto. Mijesite na lagano pobrašnjenoj površini dok ne postane elastično i ne bude više ljepljivo. Stavite u nauljenu zdjelu, prekrijte nauljenom prozirnom folijom (plastičnom folijom) i ostavite na toplom mjestu oko 1 sat dok se ne udvostruči.

Pritisnite ili razvaljajte tijesto na lagano pobrašnjenoj površini na oko 1 cm/½ debljine. Pospite grožđicama, orašastim plodovima, sjemenkama komorača, koricom limuna i naranče. Zarolati tijesto, zatim pritisnuti ili razvaljati i ponovo zarolati. Oblikujte okrugli i stavite na podmazan lim za pečenje (kolačiće). Pokrijte nauljenom prozirnom folijom i ostavite na toplom mjestu oko 1 sat dok se ne udvostruči.

Napravite trokutasti rez na vrhu štruce, zatim pecite u prethodno zagrijanoj pećnici na 190°C/375°F/plin oznaka 5 20 minuta. Smanjite temperaturu pećnice na 160°C/325°F/plinska oznaka 3 i pecite još 1 sat dok ne poprimi zlatnu boju i ne zvuči šuplje kada se lupka po podlozi.

Panettone

Za jednu tortu od 23 cm/9

40 g/1½ oz svježeg kvasca ili 60 ml/4 žlice suhog kvasca

150 g/5 oz/2/3 šalice sitnog (superfinog) šećera

300 ml/½ pt/1¼ šalice toplog mlijeka

225 g/8 oz/1 šalica maslaca ili margarina, otopljenog

5 ml/1 žličica soli

Naribana korica 1 limuna

Prstohvat naribanog muškatnog oraščića

6 žumanjaka

675 g/1½ lb/6 šalica oštrog glatkog brašna (za kruh).

175 g/6 oz/1 šalica grožđica

175 g/6 oz/1 šalica nasjeckane miješane (ušećerene) kore

75 g/3 oz/¼ šalice nasjeckanih badema

Kvasac pomiješajte s 5 ml/1 žličicom šećera s malo toplog mlijeka i ostavite na toplom mjestu 20 minuta dok ne postane pjenasto. Otopljeni maslac pomiješajte s preostalim šećerom, soli, limunovom koricom, muškatnim oraščićem i žumanjcima. Smjesu umiješajte u brašno s kvascem i zamijesite glatko tijesto. Mijesite dok više ne bude ljepljivo. Stavite u nauljenu zdjelu, prekrijte nauljenom prozirnom folijom i ostavite na toplom 20 minuta. Grožđice, pomiješane kore i bademe pomiješajte i umijesite tijesto. Ponovno pokrijte i ostavite na toplom mjestu još 30 minuta.

Lagano premijesite tijesto, zatim ga oblikujte u podmazan i obložen 23 cm/9 duboki kalup za torte (tepsiju). Pokrijte i ostavite na toplom mjestu 30 minuta dok se tijesto dobro ne digne iznad vrha lima. Pecite u prethodno zagrijanoj pećnici na 190°C/375°F/plinska oznaka 5 1½ sata dok ražanj umetnut u sredinu ne izađe čist.

Štruca s jabukama i datuljama

Za jednu štrucu od 900 g/2 lb

350 g/12 oz/3 šalice samodizajućeg (samodizajućeg) brašna

50 g/2 oz/¼ šalice mekog smeđeg šećera

5 ml/1 žličica miješanih (pita od jabuka) začina

5 ml/1 žličica mljevenog cimeta

2,5 ml/½ žličice naribanog muškatnog oraščića

Prstohvat soli

1 velika jabuka za kuhanje (tart), oguljena, očišćena od jezgre i nasjeckana

175 g/6 oz/1 šalica datulja bez koštica, nasjeckanih

Naribana korica ½ limuna

2 jaja, lagano tučena

150 ml/¼ pt/2/3 šalice običnog jogurta

Pomiješajte suhe sastojke, zatim umiješajte jabuku, datulje i limunovu koricu. U sredini napravite udubinu, dodajte jaja i jogurt i postupno umijesite tijesto. Preokrenite na lagano pobrašnjenu površinu i oblikujte u podmazan i pobrašnjen kalup za kruh (tepsiju) od 900 g/2 lb. Pecite u prethodno zagrijanoj pećnici na 160°C/325°F/plinska oznaka 3 1½ sata dok dobro ne naraste i ne porumene. Ostavite da se hladi u kalupu 5 minuta, zatim preokrenite na rešetku da se ohladi.

Jabuka i Sultan kruh

Pravi tri štruce od 350 g/12 oz

25 g/1 oz svježeg kvasca ili 40 ml/2½ žlice suhog kvasca

10 ml/2 žličice ekstrakta slada

375 ml/13 fl oz/1½ šalice tople vode

450 g/1 lb/4 šalice integralnog (cjelovitog) brašna

5 ml/1 žličica sojinog brašna

50 g/2 oz/½ šalice valjane zobene pahuljice

2,5 ml/½ žličice soli

25 g/1 oz/2 žlice mekog smeđeg šećera

15 ml/1 žlica svinjske masti (maslina)

225 g/8 oz jabuka za kuhanje (tart), oguljenih, očišćenih od jezgre i nasjeckanih

400 g/14 oz/21/3 šalice sultanki (zlatne grožđice)

2,5 ml/½ žličice mljevenog cimeta

1 jaje, tučeno

Pomiješajte kvasac sa sladnim ekstraktom i malo tople vode i ostavite na toplom mjestu dok se ne zapjeni. Pomiješajte brašno, zob, sol i šećer, utrljajte mast i napravite udubinu u sredini. Umiješajte smjesu kvasca i preostalu toplu vodu i zamijesite glatko tijesto. Pomiješajte jabuke, sultanije i cimet. Mijesite dok ne postane elastično i ne bude više ljepljivo. Stavite tijesto u nauljenu zdjelu i prekrijte nauljenom prozirnom folijom (plastičnom folijom). Ostavite na toplom mjestu 1 sat dok se ne udvostruči.

Tijesto lagano premijesiti pa oblikovati u tri kruga i malo spljoštiti pa staviti u podmazan lim za pečenje (kolačiće). Premažite vrhove razmućenim jajetom i pecite u prethodno zagrijanoj pećnici na

230°C/450°F/plinska oznaka 8 35 minuta dok se dobro ne dignu i ne zazvuče šuplje kada se udari o podlogu.

Iznenađenja od jabuke i cimeta

Čini 10

Za tijesto:

25 g/1 oz svježeg kvasca ili 40 ml/2½ žlice suhog kvasca

75 g/3 oz/1/3 šalice mekog smeđeg šećera

300 ml/½ pt/1¼ šalice tople vode

450 g/1 lb/4 šalice integralnog (cjelovitog) brašna

2,5 ml/½ žličice soli

25 g/1 oz/¼ šalice mlijeka u prahu (suho mlijeko bez masti)

5 ml/1 žličica mljevene mješavine začina (pita od jabuka).

5 ml/1 žličica mljevenog cimeta

75 g/3 oz/1/3 šalice maslaca ili margarina

15 ml/1 žlica naribane narančine korice

1 jaje

Za nadjev:

450 g/1 lb jabuka za kuhanje (tart), oguljenih, bez koštice i grubo nasjeckanih

75 g/3 oz/½ šalice sultanije (zlatne grožđice)

5 ml/1 žličica mljevenog cimeta

Za glazuru:

15 ml/1 žlica bistrog meda

30 ml/2 žlice sitnog (superfinog) šećera

Za izradu tijesta pomiješajte kvasac s malo šećera i malo tople vode i ostavite na toplom mjestu 20 minuta dok ne postane pjenasto. Pomiješajte brašno, sol, mlijeko u prahu i začine. Utrljajte maslac ili margarin pa umiješajte narančinu koricu i u sredini napravite udubinu. Dodajte smjesu s kvascem, preostalu toplu vodu i jaje te zamijesite glatko tijesto. Stavite u nauljenu zdjelu, prekrijte nauljenom prozirnom folijom (plastičnom folijom) i ostavite na toplom mjestu 1 sat dok se ne udvostruči.

Da biste napravili nadjev, kuhajte jabuke i sultanije u tavi s cimetom i malo vode dok ne omekšaju i postanu pire.

Od tijesta oblikujte 10 kiflica, utisnite prstom u sredinu i žlicom dodajte malo nadjeva, pa zatvorite tijesto oko nadjeva. Složite u podmazan lim za pečenje (kolačiće), prekrijte nauljenom prozirnom folijom i ostavite na toplom mjestu 40 minuta. Pecite u prethodno zagrijanoj pećnici na 230°C/450°F/plinska oznaka 8 15 minuta dok dobro ne naraste. Premažite medom, pospite šećerom i ostavite da se ohladi.

Čajni kruh od kajsije

Za jednu štrucu od 900 g/2 lb

225 g/8 oz/2 šalice samodizajućeg (samodizajućeg) brašna

100 g/4 oz/2/3 šalice suhih marelica

50 g/2 oz/½ šalice nasjeckanih badema

50 g/2 oz/¼ šalice mekog smeđeg šećera

50 g/2 oz/¼ šalice maslaca ili margarina

100 g/4 oz/1/3 šalice zlatnog (svijetlog kukuruznog) sirupa

1 jaje

75 ml/5 žlica mlijeka

Namočite marelice u vrućoj vodi 1 sat, zatim ih ocijedite i nasjeckajte.

Pomiješajte brašno, marelice, bademe i šećer. Otopiti maslac ili margarin i sirupirati. Dodati suhim sastojcima sa jajetom i mlijekom. Žlicom stavljajte u podmazan i obložen kalup za kruh (tepsiju) od 900 g/2 lb i pecite u prethodno zagrijanoj pećnici na 180°C/350°F/plinska oznaka 4 1 sat dok ne porumene i postanu čvrsti na dodir.

Štruca od marelice i naranče

Za jednu štrucu od 900 g/2 lb

175 g/6 oz/1 šalica nasjeckanih suhih marelica koje se ne moraju namakati

150 ml/¼ pt/2/3 šalice soka od naranče

400 g/14 oz/3½ šalice glatkog (višenamjenskog) brašna

175 g/6 oz/¾ šalice sitnog (superfinog) šećera

100 g/4 oz/2/3 šalice grožđica

7,5 ml/1½ žličice praška za pecivo

2,5 ml/½ žličice sode bikarbone (soda bikarbona)

2,5 ml/½ žličice soli

Naribana korica 1 naranče

1 jaje, lagano tučeno

25 g/1 oz/2 žlice maslaca ili margarina, otopljenog

Namočite marelice u sok od naranče. Stavite suhe sastojke i narančinu koricu u zdjelu i napravite udubljenje u sredini. Umiješajte sok od marelica i naranče, jaje i otopljeni maslac ili margarin pa izradite čvrstu smjesu. Žlicom stavljajte u podmazan i obložen kalup za kruh (tepsiju) od 900 g/2 lb i pecite u prethodno zagrijanoj pećnici na 180°C/350°F/plinska oznaka 4 1 sat dok ne porumene i postanu čvrsti na dodir.

Štruca od marelice i oraha

Za jednu štrucu od 900 g/2 lb

15 g/½ oz svježeg kvasca ili 20 ml/4 žličice suhog kvasca

30 ml/2 žlice bistrog meda

300 ml/½ pt/1¼ šalice tople vode

25 g/1 oz/2 žlice maslaca ili margarina

225 g/8 oz/2 šalice integralnog (cjelovitog) brašna

225 g/8 oz/2 šalice glatkog (višenamjenskog) brašna

5 ml/1 žličica soli

75 g/3 oz/¾ šalice nasjeckanih oraha

175 g/6 oz/1 šalica gotovih suhih marelica, nasjeckanih

Pomiješajte kvasac s malo meda i malo vode i ostavite na toplom mjestu 20 minuta dok se ne zapjeni. Maslac ili margarin utrljajte u brašno i sol i napravite udubinu u sredini. Umiješajte smjesu kvasca i preostali med i vodu i zamijesite tijesto. Pomiješajte orahe i marelice i miješajte dok smjesa ne postane glatka i ne bude više ljepljiva. Stavite u nauljenu zdjelu, poklopite i ostavite na toplom 1 sat dok se ne udvostruči.

Ponovno premijesite tijesto i oblikujte ga u podmazan kalup za kruh (tepsiju) od 900 g/2 lb. Pokrijte nauljenom prozirnom folijom (plastičnom folijom) i ostavite na toplom mjestu oko 20 minuta dok se tijesto ne digne malo iznad vrha kalupa. Pecite u prethodno zagrijanoj pećnici na 220°C/425°F/plinska oznaka 7 30 minuta dok ne poprime zlatnosmeđu boju i ne zvuči šuplje kada se lupka po podlozi.

Jesenska kruna

Pravi jednu veliku okruglu štrucu

Za tijesto:

450 g/1 lb/4 šalice integralnog (cjelovitog) brašna

20 ml/4 žličice praška za pecivo

75 g/3 oz/1/3 šalice mekog smeđeg šećera

5 ml/1 žličica soli

2,5 ml/½ žličice mljevene mace

75 g/3 oz/1/3 šalice biljne masti (smaj)

3 bjelanjka

300 ml/½ pt/1¼ šalice mlijeka

Za nadjev:

175 g/6 oz/1½ šalice integralnih (integralnih) mrvica za kolač

50 g/2 oz/½ šalice mljevenih lješnjaka ili badema

50 g/2 oz/¼ šalice mekog smeđeg šećera

75 g/3 oz/½ šalice kristaliziranog (kandiranog) đumbira, nasjeckanog

30 ml/2 žlice ruma ili rakije

1 jaje, lagano tučeno

Za glaziranje:

15 ml/1 žlica meda

Za izradu tijesta pomiješajte suhe sastojke i utrljajte masnoću. Pomiješajte bjelanjke i mlijeko i sjedinite sa smjesom dok ne dobijete mekano, podatno tijesto.

Pomiješajte sastojke za punjenje, koristeći dovoljno jaja da dobijete konzistenciju za mazanje. Razvaljajte tijesto na lagano pobrašnjenoj površini na pravokutnik 20 x 30 cm/8 x 10 in. Nadjev rasporedite preko svega osim gornjeg 2,5 cm/1 in uz duži rub. Zarolajte sa suprotnog ruba, kao švicarsku (žele) roladu i navlažite običnu traku tijesta da se zatvori. Navlažite svaki kraj i oblikujte roladu u krug, spajajući krajeve. Oštrim škarama napravite male rezove oko vrha za ukras. Stavite na podmazan lim za pečenje (kolačiće) i premažite preostalim jajetom. Ostavite da se odmori 15 minuta.

Pecite u prethodno zagrijanoj pećnici na 230°C/450°F/plinska oznaka 8 25 minuta dok ne porumene. Premažite medom i ostavite da se ohladi.

Štruca od banane

Za jednu štrucu od 900 g/2 lb

75 g/3 oz/1/3 šalice maslaca ili margarina, omekšalog

175 g/6 oz/2/3 šalice sitnog (superfinog) šećera

2 jaja, lagano tučena

450 g/1 lb zrelih banana, pasiranih

200 g/7 oz/1¾ šalice samodizajućeg (samodizajućeg) brašna

75 g/3 oz/¾ šalice nasjeckanih oraha

100 g/4 oz/2/3 šalice sultanije (zlatne grožđice)

50 g/2 oz/½ šalice glacé (ušećerenih) višanja

2,5 ml/½ žličice sode bikarbone (soda bikarbona)

Prstohvat soli

Miksajte maslac ili margarin i šećer dok ne postane blijedo i pjenasto. Postupno umiješajte jaja, a zatim umiješajte banane. Umiješajte preostale sastojke dok se dobro ne sjedine. Žlicom stavljajte u podmazan i obložen kalup za kruh (tepsiju) od 900 g/2 lb i pecite u prethodno zagrijanoj pećnici na 180°C/350°C/plin oznaka 4 1¼ sata dok dobro ne naraste i bude čvrst na dodir.

Integralni kruh od banane

Za jednu štrucu od 900 g/2 lb

100 g/4 oz/½ šalice maslaca ili margarina, omekšalog

50 g/2 oz/¼ šalice mekog smeđeg šećera

2 jaja, lagano tučena

3 banane, zgnječene

175 g/6 oz/1½ šalice integralnog (cjelovitog) brašna

100 g/4 oz/1 šalica zobenog brašna

5 ml/1 žličica praška za pecivo

5 ml/1 žličica mljevene mješavine začina (pita od jabuka).

30 ml/2 žlice mlijeka

Miksajte maslac ili margarin i šećer dok ne postane svijetlo i pjenasto. Postupno umiješajte jaja, umiješajte banane, zatim dodajte brašno, prašak za pecivo i pomiješane začine. Dodajte toliko mlijeka da dobijete meku smjesu. Žlicom stavljajte u podmazan i obložen kalup za kruh (tepsiju) od 900 g/2 lb i poravnajte površinu. Pecite u prethodno zagrijanoj pećnici na 190°C/375°F/plinska oznaka 5 dok ne naraste i ne porumene.

Kruh od banane i orašastih plodova

Za jednu štrucu od 900 g/2 lb

50 g/2 oz/¼ šalice maslaca ili margarina

225 g/8 oz/2 šalice samodizajućeg (samodizajućeg) brašna

50 g/2 oz/¼ šalice sitnog (superfinog) šećera

50 g/2 oz/½ šalice sjeckanih miješanih orašastih plodova

1 jaje, lagano tučeno

75 g/3 oz/1/3 šalice zlatnog (svijetlog kukuruznog) sirupa

2 banane, zgnječene

15 ml/1 žlica mlijeka

Maslac ili margarin utrljajte u brašno pa umiješajte šećer i orahe. Pomiješajte jaje, sirup i banane te dovoljno mlijeka da dobijete meku smjesu. Žlicom stavljajte u podmazan i obložen kalup za kruh (tepsiju) od 900 g/2 lb i pecite u prethodno zagrijanoj pećnici na 180°C/350°F/plinska oznaka 4 oko 1 sat dok ne postane čvrsta i zlatno smeđa. Čuvajte 24 sata prije posluživanja narezano na kriške i namazano maslacem.

Bara Brith

Napravi tri kruha od 450 g/1 lb

450 g/1 lb/2¾ šalice miješanog suhog voća (mješavina za voćni kolač)

250 ml/8 tečnih oz/1 šalica jakog hladnog čaja

30 ml/2 žlice suhog kvasca

175 g/6 oz/¾ šalice mekog smeđeg šećera

250 g/12 oz/3 šalice integralnog (cjelovitog) brašna

350 g/12 oz/3 šalice oštrog glatkog brašna (za kruh).

10 ml/2 žličice mljevene mješavine začina (pita od jabuka).

100 g/4 oz/½ šalice maslaca ili margarina, otopljenog

2 jaja, istučena

2,5 ml/½ žličice soli

15 ml/1 žlica bistrog meda

Voće potopiti u čaj 2 sata. Zagrijte 30 ml/2 žličice čaja i pomiješajte s kvascem i 5 ml/1 žličice šećera. Ostaviti na toplom mjestu dok se ne zapjeni. Pomiješajte suhe sastojke, zatim umiješajte smjesu kvasca i sve preostale sastojke osim meda i zamijesite tijesto. Izbacite na lagano pobrašnjenu površinu i nježno mijesite dok ne postane glatko i elastično. Podijelite u tri namašćena i obložena kalupa za kruh (tepsije) od 450 g/1 lb. Pokrijte nauljenom prozirnom folijom (plastičnom folijom) i ostavite na toplom mjestu 1 sat dok se tijesto ne digne iznad vrha kalupa.

Pecite u prethodno zagrijanoj pećnici na 200°C/400°F/plinska oznaka 6 15 minuta, a zatim smanjite temperaturu pećnice na 180°C/350°F/plinska oznaka 4 daljnjih 45 minuta dok ne poprime zlatnu boju i šupljikav zvuk. lupkao po podlozi. Zagrijte med i premažite vrhove tople štruce.

Peciva za kupanje

Radi 12 peciva

500 g/1 lb/4 šalice oštrog glatkog brašna (za kruh).

25 g/1 oz svježeg kvasca ili 40 ml/2½ žlice suhog kvasca

150 ml/¼ pt/2/3 šalice toplog mlijeka

75 g/3 oz/1/3 šalice sitnog (superfinog) šećera

150 ml/¼ pt/2/3 šalice tople vode

5 ml/1 žličica soli

50 g/2 oz/¼ šalice maslaca ili margarina

2 jaja, istučena

175 g/6 oz/1 šalica sultana (zlatne grožđice)

50 g/2 oz/1/3 šalice nasjeckane miješane kore

Razmućeno jaje za glazuru

Čuvanje šećera, mljevenog, za posipanje

Stavite četvrtinu brašna u zdjelu i napravite udubinu u sredini. Pomiješajte kvasac s pola mlijeka i 5 ml/1 žličice šećera i ulijte u udubinu. Dodajte preostalu tekućinu. Promiješajte i ostavite na toplom mjestu 35 minuta dok ne postane pjenasto. Preostalo brašno stavite u zdjelu sa soli. Umiješajte preostali šećer, zatim utrljajte maslac ili margarin dok smjesa ne podsjeća na krušne mrvice. Ulijte smjesu kvasca i jaja i dobro umutite. Umiješajte sultanije i miješanu koru. Prekrijte nauljenom prozirnom folijom (plastičnom folijom) i ostavite na toplom mjestu dok se ne udvostruči.

Tijesto dobro premijesite i podijelite na 12 dijelova. Oblikujte okrugli i stavite na podmazan lim za pečenje (kolačiće). Prekrijte nauljenom prozirnom folijom i ostavite na toplom mjestu 15 minuta. Premažite razmućenim jajetom i pospite mljevenim šećerom. Pecite u prethodno zagrijanoj pećnici na 200°C/400°F/plinska oznaka 6 15-20 minuta dok ne porumene.

Štruca od trešnje i meda

Za jednu štrucu od 900 g/2 lb

175 g/6 oz/¾ šalice maslaca ili margarina, omekšalog

75 g/3 oz/1/3 šalice mekog smeđeg šećera

60 ml/4 žlice bistrog meda

2 jaja, istučena

100 g/4 oz/2 šalice integralnog (cjelovitog) brašna

10 ml/2 žličice praška za pecivo

100 g/4 oz/½ šalice glacé (kandiranih) trešanja, nasjeckanih

45 ml/3 žlice mlijeka

Pomiješajte maslac ili margarin, šećer i med dok ne postane svijetlo i pjenasto. Postupno umiješajte jaja, dobro tučeći nakon svakog dodavanja. Umiješajte preostale sastojke da dobijete meku smjesu. Žlicom stavljajte u podmazan i obložen kalup za kruh (tepsiju) od 900 g/2 lb i pecite u prethodno zagrijanoj pećnici na 180°C/350°F/plinska oznaka 4 1 sat dok ražanj umetnut u sredinu ne izađe čist. Poslužite narezano na ploške i namazano maslacem.

Rolice s cimetom i muškatnim oraščićem

Čini 24

15 ml/1 žlica suhog kvasca

120 ml/4 fl oz/½ šalice mlijeka, kuhano

50 g/2 oz/¼ šalice sitnog (superfinog) šećera

50 g/2 oz/¼ šalice svinjske masti (maslina)

5 ml/1 žličica soli

120 ml/4 fl oz/½ šalice tople vode

2,5 ml/½ žličice naribanog muškatnog oraščića

1 jaje, tučeno

400 g/14 oz/3½ šalice oštrog glatkog brašna (za kruh).

45 ml/3 žlice otopljenog maslaca ili margarina

175 g/6 oz/¾ šalice mekog smeđeg šećera

10 ml/2 žličice mljevenog cimeta

75 g/3 oz/½ šalice grožđica

Kvasac otopiti u toplom mlijeku sa žličicom šećera i ostaviti da se zapjeni. Pomiješajte preostali šećer, mast i sol. Ulijte vodu i miješajte dok se ne sjedini. Umiješajte smjesu s kvascem pa postupno dodajte muškatni oraščić, jaje i brašno. Umijesiti glatko tijesto. Stavite u podmazanu zdjelu, prekrijte nauljenom prozirnom folijom (plastičnom folijom) i ostavite na toplom mjestu oko 1 sat dok se ne udvostruči.

Tijesto podijelite na pola i razvaljajte na lagano pobrašnjenoj površini u pravokutnike debljine oko 5 mm/¼. Premažite otopljenim maslacem i pospite smeđim šećerom, cimetom i grožđicama. Smotajte s dulje veličine i svaku roladu izrežite na 12 šnita debljine 1 cm/½. Kriške malo razmaknute u podmazan lim za pečenje (kolačiće) i ostavite na toplom 1 sat. Pecite u prethodno zagrijanoj pećnici na 190°C/375°F/plinska oznaka 5 20 minuta dok dobro ne naraste.

Kruh od brusnica

Za jednu štrucu od 450 g/1 lb

225 g/8 oz/2 šalice glatkog (višenamjenskog) brašna

2,5 ml/½ žličice soli

2,5 ml/½ žličice sode bikarbone (soda bikarbona)

225 g/8 oz/1 šalica sitnog (superfinog) šećera

7,5 ml/1½ žličice praška za pecivo

Sok i naribana korica 1 naranče

1 jaje, tučeno

25 g/1 oz/2 žlice svinjske masti (skraćivanje), otopljene

100 g/4 oz svježih ili smrznutih brusnica, zdrobljenih

50 g/2 oz/½ šalice oraha, grubo nasjeckanih

Pomiješajte suhe sastojke u velikoj zdjeli. Stavite sok i koricu naranče u mjerni vrč i dopunite vodom do 175 ml/6 tečnih oz/¾ šalice. Umiješati u suhe sastojke s jajetom i mašću. Umiješajte brusnice i orahe. Žlicom stavljajte u podmazan kalup za kruh (tepsiju) od 450 g/1 lb i pecite u prethodno zagrijanoj pećnici na 160°C/325°F/plinska oznaka 3 oko 1 sat dok ražanj umetnut u sredinu ne izađe čist. Ostavite da se ohladi, pa držite 24 sata prije rezanja.

Štruca s datuljama i maslacem

Za jednu štrucu od 900 g/2 lb

Za štrucu:

175 g/6 oz/1 šalica datulja bez koštica, sitno nasjeckanih

5 ml/1 žličica sode bikarbone (soda bikarbona)

250 ml/8 tečnih oz/1 šalica kipuće vode

75 g/3 oz/1/3 šalice maslaca ili margarina, omekšalog

225 g/8 oz/1 šalica mekog smeđeg šećera

1 jaje, lagano tučeno

5 ml/1 žličica esencije vanilije (ekstrakt)

225 g/8 oz/2 šalice glatkog (višenamjenskog) brašna

5 ml/1 žličica praška za pecivo

Prstohvat soli

Za preljev:

100 g/4 oz/½ šalice mekog smeđeg šećera

50 g/2 oz/¼ šalice maslaca ili margarina

120 ml/4 fl oz/½ šalice jednostruke (svijetle) kreme

Za izradu štruce pomiješajte hurme, sodu bikarbonu i kipuću vodu i dobro promiješajte pa ostavite da se ohladi. Miksajte maslac ili margarin i šećer dok ne postane svijetlo i pjenasto, a zatim postupno umiješajte jaje i asenciju vanilije. Umiješajte brašno, prašak za pecivo i sol. Žlicom stavite smjesu u podmazan i obložen kalup za kruh (tepsiju) od 900 g/2 lb i pecite u prethodno zagrijanoj pećnici na 180°C/350°F/plinska oznaka 4 1 sat dok ražanj umetnut u sredinu ne izađe čist.

Da biste napravili preljev, otopite zajedno šećer, maslac ili margarin i vrhnje na laganoj vatri dok se ne sjedine, a zatim lagano kuhajte 15 minuta, povremeno miješajući. Izvadite štrucu iz lima i prelijte vrućim preljevom. Ostaviti da se ohladi.

Kruh od datulja i banana

Za jednu štrucu od 900 g/2 lb

225 g/8 oz/11/3 šalice datulja bez koštica, nasjeckanih

300 ml/½ pt/1¼ šalice mlijeka

5 ml/1 žličica sode bikarbone (soda bikarbona)

100 g/4 oz/½ šalice maslaca ili margarina

275 g/10 oz/2½ šalice samodizajućeg (samodizajućeg) brašna

2 zrele banane, zgnječene

1 jaje, tučeno

75 g/3 oz/¾ šalice nasjeckanih lješnjaka

30 ml/2 žlice bistrog meda

Datulje, mlijeko i sodu bikarbonu stavite u šerpu i zakuhajte uz miješanje. Ostaviti da se ohladi. Maslac ili margarin utrljajte u brašno dok smjesa ne bude poput krušnih mrvica. Umiješajte banane, jaje i veći dio lješnjaka, a malo ostavite za dekoraciju. Žlicom stavljajte u podmazan i obložen kalup za kruh (tepsiju) od 900 g/2 lb i pecite u prethodno zagrijanoj pećnici na 180°C/350°F/plinska oznaka 4 1 sat dok ražanj umetnut u sredinu ne izađe čist. Ostaviti da se hladi u kalupu 5 minuta, zatim okrenuti i skinuti papir za oblaganje. Zagrijte med i premažite vrh torte. Pospite rezervisanim orasima i ostavite da se potpuno ohladi.

Datulja i štruca od naranče

Za jednu štrucu od 900 g/2 lb

225 g/8 oz/11/3 šalice datulja bez koštica, nasjeckanih

120 ml/4 fl oz/½ šalice vode

200 g/7 oz/malo 1 šalica mekog smeđeg šećera

75 g/3 oz/1/3 šalice maslaca ili margarina

Naribana korica i sok 1 naranče

1 jaje, lagano tučeno

225 g/8 oz/2 šalice glatkog (višenamjenskog) brašna

10 ml/2 žličice praška za pecivo

5 ml/1 žličica mljevenog cimeta

Datulje kuhajte u vodi 15 minuta dok ne postanu kašaste. Umiješajte šećer dok se ne otopi. Maknite s vatre i ostavite da se malo ohladi. Umutiti maslac ili margarin, koricu i sok naranče, zatim jaje. Umiješajte brašno, prašak za pecivo i cimet. Žlicom stavljajte u podmazan i obložen kalup za kruh (tepsiju) od 900 g/2 lb i pecite u prethodno zagrijanoj pećnici na 180°C/350°F/plinska oznaka 4 1 sat dok ražanj umetnut u sredinu ne izađe čist.

Kruh od datulja i oraha

Za jednu štrucu od 900 g/2 lb

250 ml/8 tečnih oz/1 šalica kipuće vode

225 g/8 oz/11/3 šalice datulja bez koštica, nasjeckanih

10 ml/2 žličice sode bikarbone (soda bikarbona)

25 g/1 oz/2 žlice biljne masti (smaj)

225 g/8 oz/1 šalica mekog smeđeg šećera

2 jaja, istučena

225 g/8 oz/2 šalice glatkog (višenamjenskog) brašna

5 ml/1 žličica soli

50 g/2 oz/½ šalice pekan oraha, nasjeckanih

Datulje i sodu bikarbonu prelijte kipućom vodom i ostavite da budu mlake. Pomiješajte biljnu mast i šećer dok ne postane kremasto. Postupno umiješajte jaja. Pomiješajte brašno sa solju i orasima, pa umiješajte u smjesu naizmjenično s datuljama i tekućinom. Žlicom stavljajte u podmazan kalup za kruh (tepsiju) od 900 g/2 lb i pecite u prethodno zagrijanoj pećnici na 180°C/350°F/plinska oznaka 4 1 sat dok ne postane čvrst na dodir.

Kruh od čaja od datulja

Za jednu štrucu od 900 g/2 lb

225 g/8 oz/2 šalice glatkog (višenamjenskog) brašna

100 g/4 oz/½ šalice mekog smeđeg šećera

Prstohvat soli

5 ml/1 žličica mljevene mješavine začina (pita od jabuka).

5 ml/1 žličica sode bikarbone (soda bikarbona)

50 g/2 oz/¼ šalice maslaca ili margarina, otopljenog

15 ml/1 žlica crnog melase (melase)

150 ml/¼ pt/2/3 šalice crnog čaja

1 jaje, tučeno

75 g/3 oz/½ šalice datulja bez koštica, nasjeckanih

Pomiješajte brašno, šećer, sol, začine i sodu bikarbonu. Umiješajte maslac, melasu, čaj i jaje i dobro izmiješajte dok smjesa ne postane glatka. Umiješajte datulje. Žlicom stavite smjesu u podmazan i obložen kalup za kruh (tepsiju) od 900 g/2 lb i pecite u prethodno zagrijanoj pećnici na 180°C/350°F/plinska oznaka 4 45 minuta.

Štruca od datulja i oraha

Za jednu štrucu od 900 g/2 lb

100 g/4 oz/½ šalice maslaca ili margarina

175 g/6 oz/1½ šalice integralnog (cjelovitog) brašna

50 g/2 oz/½ šalice zobenog brašna

10 ml/2 žličice praška za pecivo

5 ml/1 žličica mljevene mješavine začina (pita od jabuka).

2,5 ml/½ žličice mljevenog cimeta

50 g/2 oz/¼ šalice mekog smeđeg šećera

75 g/3 oz/½ šalice datulja bez koštica, nasjeckanih

75 g/3 oz/¾ šalice nasjeckanih oraha

2 jaja, lagano tučena

30 ml/2 žlice mlijeka

Maslac ili margarin utrljajte u brašno, prašak za pecivo i začine dok smjesa ne bude poput krušnih mrvica. Umiješajte šećer, datulje i orahe. Umiješajte jaja i mlijeko da dobijete mekano tijesto. Oblikujte tijesto u namašćeni kalup za kruh (tepsiju) od 900 g/2 lb i poravnajte vrh. Pecite u prethodno zagrijanoj pećnici na 160°C/325°F/plinska oznaka 3 45 minuta dok ne naraste i ne dobije zlatnu boju.

Štruca od smokve

Za jednu štrucu od 450 g/1 lb

100 g/4 oz/1½ šalice mekinja žitarica

100 g/4 oz/½ šalice mekog smeđeg šećera

100 g/4 oz/2/3 šalice suhih smokava, nasjeckanih

30 ml/2 žlice crnog melase (melase)

250 ml/8 tečnih oz/1 šalica mlijeka

100 g/4 oz/1 šalica integralnog (cjelovitog) brašna

10 ml/2 žličice praška za pecivo

Pomiješajte žitarice, šećer, smokve, melasu i mlijeko te ostavite da odstoji 30 minuta. Umiješajte brašno i prašak za pecivo. Žlicom stavljajte u podmazan kalup za kruh (tepsiju) od 450 g/1 lb i pecite u prethodno zagrijanoj pećnici na 180°C/350°F/plinska oznaka 4 45 minuta dok ne postane čvrst i dok ražnjić umetnut u sredinu ne izađe čist.

Smokva i marsala kruh

Za jednu štrucu od 900 g/2 lb

225 g/8 oz/1 šalica neslanog (slatkog) maslaca ili margarina, omekšali

225 g/8 oz/1 šalica mekog smeđeg šećera

4 jaja, lagano tučena

45 ml/3 žlice marsale

5 ml/1 žličica esencije vanilije (ekstrakt)

200 g/7 oz/1¾ šalice glatkog (višenamjenskog) brašna

Prstohvat soli

50 g/2 oz/1/3 šalice gotovih suhih marelica, nasjeckanih

50 g/2 oz/1/3 šalice datulja bez koštica, nasjeckanih

50 g/2 oz/1/3 šalice suhih smokava, nasjeckanih

50 g/2 oz/½ šalice sjeckanih miješanih orašastih plodova

Miksajte maslac ili margarin i šećer dok ne postane svijetlo i pjenasto. Postupno dodajte jaja, zatim marsalu i aromu vanilije. Pomiješajte brašno i sol s voćem i orašastim plodovima pa umiješajte u smjesu i dobro promiješajte. Žlicom stavljajte u podmazan i pobrašnjen kalup za kruh (tepsiju) od 900 g/2 lb i pecite u prethodno zagrijanoj pećnici na 180°C/350°F/plinska oznaka 4 1 sat. Ostavite da se hladi u kalupu 10 minuta, zatim preokrenite na rešetku da se ohladi.

Rolice od meda i smokava

Čini 12

25 g/1 oz svježeg kvasca ili 40 ml/2½ žlice suhog kvasca

75 g/3 oz/¼ šalice bistrog meda

300 ml/½ pt/1¼ šalice tople vode

100 g/4 oz/2/3 šalice suhih smokava, nasjeckanih

15 ml/1 žlica sladnog ekstrakta

450 g/1 lb/4 šalice integralnog (cjelovitog) brašna

15 ml/1 žlica mlijeka u prahu (bezmasnog suhog mlijeka)

5 ml/1 žličica soli

2,5 ml/½ žličice naribanog muškatnog oraščića

40 g/1½ oz/2½ žlice maslaca ili margarina

Naribana korica 1 naranče

1 jaje, tučeno

15 ml/1 žlica sjemenki sezama

Pomiješajte kvasac s 5 ml/1 žličicom meda i malo tople vode i ostavite na toplom mjestu dok se ne zapjeni. Preostalu toplu vodu pomiješajte sa smokvama, ekstraktom slada i preostalim medom te ostavite da se namače. Pomiješajte brašno, mlijeko u prahu, sol i muškatni oraščić, zatim utrljajte maslac ili margarin i umiješajte narančinu koricu. Napravite udubinu u sredini i ulijte smjesu od kvasca i smjesu od smokava. Zamijesite mekano tijesto i mijesite dok se više ne lijepi. Stavite u nauljenu zdjelu, prekrijte nauljenom prozirnom folijom (plastičnom folijom) i ostavite na toplom mjestu 1 sat dok se ne udvostruči.

Lagano premijesiti pa oblikovati 12 kiflica i redati u podmazan pleh (tepsiju). Pokrijte nauljenom prozirnom folijom i ostavite na toplom mjestu 20 minuta. Premažite razmućenim jajetom i pospite sezamom. Pecite u prethodno zagrijanoj pećnici na 230°C/450°F/plinska oznaka 8 15 minuta dok ne poprime zlatnosmeđu boju i ne zvuči šuplje kada se lupka po podlozi.

Hot Cross Buns

Čini 12

Za kiflice:
450 g/1 lb/4 šalice oštrog brašna (za kruh).

15 ml/1 žlica suhog kvasca

Prstohvat soli

5 ml/1 žličica mljevene mješavine začina (pita od jabuka).

50 g/2 oz/¼ šalice sitnog (superfinog) šećera

100 g/4 oz/2/3 šalice ribiza

25 g/1 oz/3 žlice nasjeckane miješane (kandirane) kore

1 jaje, tučeno

250 ml/8 tečnih oz/1 šalica mlijeka

50 g/2 oz/¼ šalice maslaca ili margarina, otopljenog

Za križeve:
25 g/1 oz/¼ šalice glatkog (višenamjenskog) brašna

15 ml/1 žlica vode

Malo umućeno jaje

Za glazuru:
50 g/2 oz/¼ šalice sitnog (superfinog) šećera

150 ml/¼ pt/2/3 šalice vode

Za izradu lepinja pomiješajte suhe sastojke, ribizle i izmiješane kore. Umiješajte jaje, mlijeko i otopljeni maslac i zamijesite čvrsto tijesto koje se odvaja od stijenki posude. Izbacite na lagano pobrašnjenu površinu i mijesite 5 minuta dok ne bude glatko i elastično. Podijeliti na 12 i razvaljati loptice. Stavite dobro razdvojene na podmazan lim za pečenje (kolačiće), prekrijte nauljenom prozirnom folijom (plastičnom folijom) i ostavite na toplom mjestu oko 45 minuta dok se ne udvostruče.

U manju zdjelu stavite brašno za križ i postupno umiješajte dovoljno vode da napravite tijesto. Razvaljajte na dugačak pramen. Vrhove kiflica premažite razmućenim jajetom, a zatim u svaku lagano utisnite križić tijesta izrezan s dugačke niti. Pecite u prethodno zagrijanoj pećnici na 220°C/425°F/plinska oznaka 7 20 minuta dok ne porumene.

Za glazuru otopite šećer u vodi, pa kuhajte dok ne postane sirup. Kistom premažite vruće kiflice, a zatim ih prebacite na rešetku da se ohlade.

Lincolnshire kruh sa šljivama

Napravi tri kruha od 450 g/1 lb

15 g/½ oz svježeg kvasca ili 20 ml/4 žličice suhog kvasca

45 ml/3 žlice mekog smeđeg šećera

200 ml/7 tečnih oz/malo 1 šalica toplog mlijeka

100 g/4 oz/½ šalice maslaca ili margarina

450 g/1 lb/4 šalice glatkog (višenamjenskog) brašna

10 ml/2 žličice praška za pecivo

Prstohvat soli

1 jaje, tučeno

450 g/1 lb/22/3 šalice miješanog suhog voća (mješavina za voćni kolač)

Pomiješajte kvasac s 5 ml/1 žličicom šećera i malo toplog mlijeka i ostavite na toplom mjestu 20 minuta dok ne postane pjenasto. Maslac ili margarin utrljajte u brašno, prašak za pecivo i sol dok smjesa ne bude poput krušnih mrvica. Umiješajte preostali šećer i napravite udubinu u sredini. Pomiješajte smjesu s kvascem, preostalim toplim mlijekom i jajetom, zatim umiješajte voće da dobijete prilično čvrsto tijesto. Oblikujte u tri namašćena kalupa (tepsije) od 450 g/1 lb i pecite u prethodno zagrijanoj pećnici na 150°C/300°F/plinska oznaka 2 2 sata dok ne porumene.

London Buns

Čini 10

50 g/2 oz svježeg kvasca ili 30 ml/2 žlice suhog kvasca

75 g/3 oz/1/3 šalice mekog smeđeg šećera

300 ml/½ pt/1¼ šalice tople vode

175 g/6 oz/1 šalica ribiza

25 g/1 oz/3 žlice nasjeckanih datulja bez koštica

25 g/1 oz/3 žlice nasjeckane miješane (kandirane) kore

25 g/1 oz/2 žlice nasjeckanih glacé (kandiranih) višanja

45 ml/3 žlice soka od naranče

450 g/1 lb/4 šalice integralnog (cjelovitog) brašna

2,5 ml/½ žličice soli

25 g/1 oz/¼ šalice mlijeka u prahu (suho mlijeko bez masti)

15 ml/1 žlica mljevene mješavine začina (pita od jabuka).

5 ml/1 žličica mljevenog cimeta

75 g/3 oz/1/3 šalice maslaca ili margarina

15 ml/1 žlica naribane narančine korice

1 jaje

15 ml/1 žlica bistrog meda

30 ml/2 žlice narezanih (narezanih) badema

Pomiješajte kvasac s malo šećera i malo tople vode i ostavite na toplom mjestu 20 minuta dok se ne zapjeni. U sok od naranče namočite ribizle, datulje, miješane kore i višnje. Pomiješajte brašno, sol, mlijeko u prahu i začine. Utrljajte maslac ili margarin pa umiješajte narančinu koricu i u sredini napravite udubinu.

Dodajte smjesu s kvascem, preostalu toplu vodu i jaje te zamijesite glatko tijesto. Stavite u nauljenu zdjelu, prekrijte prozirnom folijom (plastičnom folijom) i ostavite na toplom mjestu 1 sat dok se ne udvostruči.

Od tijesta oblikujte 10 kiflica i složite u podmazan lim za pečenje (kolačiće). Prekrijte nauljenom prozirnom folijom i ostavite na toplom mjestu 45 minuta. Pecite u prethodno zagrijanoj pećnici na 230°C/450°F/plinska oznaka 8 15 minuta dok dobro ne naraste. Premažite medom, pospite bademima i ostavite da se ohladi.

Irska seoska štruca

Za jednu štrucu od 900 g/2 lb

350 g/12 oz/3 šalice integralnog (cjelovitog) brašna

100 g/4 oz/1 šalica zobenih pahuljica

100 g/4 oz/2/3 šalice sultanije (zlatne grožđice)

15 ml/1 žlica praška za pecivo

15 ml/1 žlica sitnog (superfinog) šećera

5 ml/1 žličica sode bikarbone (soda bikarbona)

5 ml/1 žličica soli

10 ml/2 žličice mljevene mješavine začina (pita od jabuka).

Naribana korica ½ limuna

1 jaje, tučeno

300 ml/½ pt/1¼ šalice mlaćenice ili običnog jogurta

150 ml/¼ pt/2/3 šalice vode

Pomiješajte sve suhe sastojke i koricu limuna i napravite udubinu u sredini. Umutiti jaje, mlaćenicu ili jogurt i vodu. Umiješajte suhe sastojke i izradite mekano tijesto. Mijesite na lagano pobrašnjenoj površini, zatim oblikujte u podmazan kalup za kruh (tepsiju) od 900 g/2 lb. Pecite u prethodno zagrijanoj pećnici na 200°C/400°F/plinska oznaka 6 1 sat dok dobro ne naraste i postane čvrsto na dodir.

Sladna štruca

Za jednu štrucu od 450 g/1 lb

25 g/1 oz/2 žlice maslaca ili margarina

225 g/8 oz/2 šalice samodizajućeg (samodizajućeg) brašna

25 g/1 oz/2 žlice mekog smeđeg šećera

30 ml/2 žlice crnog melase (melase)

20 ml/4 žličice ekstrakta slada

150 ml/¼ pt/2/3 šalice mlijeka

75 g/3 oz/½ šalice sultanije (zlatne grožđice)

15 ml/1 žlica sitnog (superfinog) šećera

30 ml/2 žlice vode

U brašno utrljajte maslac ili margarin pa umiješajte smeđi šećer. Zagrijte melasu, ekstrakt slada i mlijeko, zatim umiješajte suhe sastojke sa sultanijama i pomiješajte u tijesto. Okrenite u podmazan kalup za kruh (tepsiju) od 450 g/1 lb i pecite u prethodno zagrijanoj pećnici na 160°C/325°F/plinska oznaka 3 1 sat dok ne porumene. Šećer i vodu zakuhajte i kuhajte dok ne postanu sirupasti. Kistom premažite vrh štruce i ostavite da se ohladi.

Sladna štruca od mekinja

Za jednu štrucu od 450 g/1 lb

100 g/4 oz/½ šalice mekog smeđeg šećera

225 g/8 oz/11/3 šalice miješanog suhog voća (mješavina za voćni kolač)

75 g/3 oz sve mekinje žitarica

250 ml/8 tečnih oz/1 šalica mlijeka

5 ml/1 žličica mljevene mješavine začina (pita od jabuka).

100 g/4 oz/1 šalica samodizajućeg (samodizajućeg) brašna

Pomiješajte šećer, voće, sve mekinje, mlijeko i začine i ostavite da se namaču 1 sat. Umiješajte brašno i dobro promiješajte. Žlicom stavljajte u podmazan i obložen kalup za kruh (tepsiju) od 450 g/1 lb i pecite u prethodno zagrijanoj pećnici na 180°C/350°F/plinska oznaka 4 1½ sata dok ne postane čvrst na dodir.

Sladna štruca od integralnog brašna

Za jednu štrucu od 900 g/2 lb

25 g/1 oz/2 žlice maslaca ili margarina

30 ml/2 žlice crnog melase (melase)

45 ml/3 žlice ekstrakta slada

150 ml/¼ pt/2/3 šalice mlijeka

175 g/6 oz/1½ šalice integralnog (cjelovitog) brašna

75 g/3 oz/¾ šalice zobenog brašna

10 ml/2 žličice praška za pecivo

100 g/4 oz/2/3 šalice grožđica

Otopite maslac ili margarin, melasu, sladni ekstrakt i mlijeko. Ulijte u brašno, prašak za pecivo i grožđice i zamijesite mekano tijesto. Žlicom stavljajte u podmazan kalup za kruh (tepsiju) od 900 g/2 lb i poravnajte površinu. Pecite u prethodno zagrijanoj pećnici na 200°C/400°F/plinska oznaka 6 45 minuta dok ražanj umetnut u sredinu ne izađe čist.

Freda's Nut Loaf

Pravi tri štruce od 350 g/12 oz

25 g/1 oz svježeg kvasca ili 40 ml/2½ žlice suhog kvasca

10 ml/2 žličice ekstrakta slada

375 ml/13 fl oz/1½ šalice tople vode

450 g/1 lb/4 šalice integralnog (cjelovitog) brašna

5 ml/1 žličica sojinog brašna

50 g/2 oz/½ šalice valjane zobene pahuljice

2,5 ml/½ žličice soli

25 g/1 oz/2 žlice mekog smeđeg šećera

15 ml/1 žlica svinjske masti (maslina)

100 g/4 oz/1 šalica nasjeckanih miješanih orašastih plodova

175 g/6 oz/1 šalica ribiza

50 g/2 oz/1/3 šalice datulja bez koštica, nasjeckanih

50 g/2 oz/1/3 šalice grožđica

2,5 ml/½ žličice mljevenog cimeta

1 jaje, tučeno

45 ml/3 žlice narezanih badema

Pomiješajte kvasac sa sladnim ekstraktom i malo tople vode i ostavite na toplom mjestu dok se ne zapjeni. Pomiješajte brašno, zob, sol i šećer, utrljajte mast i napravite udubinu u sredini. Umiješajte smjesu kvasca i preostalu toplu vodu i zamijesite glatko tijesto. Pomiješajte orašaste plodove, ribizle, datulje, grožđice i cimet. Mijesite dok ne postane elastično i ne bude više ljepljivo. Stavite tijesto u nauljenu zdjelu i prekrijte nauljenom prozirnom folijom (plastičnom folijom). Ostavite na toplom mjestu 1 sat dok se ne udvostruči.

Tijesto lagano premijesiti pa oblikovati u tri kruga i malo spljoštiti pa staviti u podmazan lim za pečenje (kolačiće). Premažite vrhove razmućenim jajetom i pospite bademima. Pecite u prethodno zagrijanoj pećnici na 230°C/450°F/plinska oznaka 8 35 minuta dok se dobro ne digne i ne zvuči šuplje kada se udari o podlogu.

Štruca s brazilskim oraščićima i datuljama

Pravi tri štruce od 350 g/12 oz

25 g/1 oz svježeg kvasca ili 40 ml/2½ žlice suhog kvasca

10 ml/2 žličice ekstrakta slada

375 ml/13 fl oz/1½ šalice tople vode

450 g/1 lb/4 šalice integralnog (cjelovitog) brašna

5 ml/1 žličica sojinog brašna

50 g/2 oz/½ šalice valjane zobene pahuljice

2,5 ml/½ žličice soli

25 g/1 oz/2 žlice mekog smeđeg šećera

15 ml/1 žlica svinjske masti (maslina)

100 g/4 oz/1 šalica nasjeckanih brazilskih oraha

250 g/9 oz/1½ šalice datulja bez koštica, nasjeckanih

2,5 ml/½ žličice mljevenog cimeta

1 jaje, tučeno

45 ml/3 žlice narezanih brazilskih oraha

Pomiješajte kvasac sa sladnim ekstraktom i malo tople vode i ostavite na toplom mjestu dok se ne zapjeni. Pomiješajte brašno, zob, sol i šećer, utrljajte mast i napravite udubinu u sredini. Umiješajte smjesu kvasca i preostalu toplu vodu i zamijesite glatko tijesto. Pomiješajte orahe, datulje i cimet. Mijesite dok ne postane elastično i ne bude više ljepljivo. Stavite tijesto u nauljenu zdjelu i prekrijte nauljenom prozirnom folijom (plastičnom folijom). Ostavite na toplom mjestu 1 sat dok se ne udvostruči.

Tijesto lagano premijesiti, oblikovati u tri kruga i malo spljoštiti, te staviti u podmazan lim za pečenje (kolačiće). Premažite vrhove razmućenim jajetom i pospite narezanim brazilskim orasima. Pecite u prethodno zagrijanoj pećnici na 230°C/450°F/plinska oznaka 8 35 minuta dok se dobro ne digne i ne zvuči šuplje kada se udari o podlogu.

Panastan voćni kruh

Pravi tri štruce od 175 g/12 oz

25 g/1 oz svježeg kvasca ili 40 ml/2½ žlice suhog kvasca

150 ml/¼ pt/2/3 šalice tople vode

60 ml/4 žlice bistrog meda

5 ml/1 žličica ekstrakta slada

15 ml/1 žlica suncokretovih sjemenki

15 ml/1 žlica sjemenki sezama

25 g/1 oz/¼ šalice pšeničnih klica

450 g/1 lb/4 šalice integralnog (cjelovitog) brašna

5 ml/1 žličica soli

50 g/2 oz/¼ šalice maslaca ili margarina

175 g/6 oz/1 šalica sultana (zlatne grožđice)

25 g/1 oz/3 žlice nasjeckane miješane (kandirane) kore

1 jaje, tučeno

Pomiješajte kvasac s malo tople vode i 5 ml/1 žličicu meda i ostavite na toplom mjestu 20 minuta dok se ne zapjeni. Preostali med i ekstrakt slada umiješajte u preostalu toplu vodu. Tostirajte sjemenke suncokreta i sezama te pšenične klice na suhoj tavi, tresući dok ne porumene. Stavite u zdjelu s brašnom i soli te utrljajte maslac ili margarin. Umiješajte sultanije i miješanu koru i napravite udubinu u sredini. Dodajte mješavinu kvasca, smjesu vode i jaje te zamijesite glatko tijesto. Stavite u nauljenu zdjelu, prekrijte nauljenom prozirnom folijom (plastičnom folijom) i ostavite na toplom mjestu 1 sat dok se ne udvostruči.

Lagano premijesite, zatim oblikujte tri štruce i stavite u podmazan lim za pečenje (kolačiće) ili u namašćene kalupe (tepsije). Pokrijte nauljenom prozirnom folijom i ostavite na toplom mjestu 20 minuta. Pecite u prethodno zagrijanoj pećnici na 230°C/450°F/plinska oznaka 8 40 minuta dok ne poprime zlatnosmeđu boju i ne zazvuče šuplje kada se lupka po podlozi.

Štruca od bundeve

Napravi dvije štruce od 450 g/1 lb

350 g/12 oz/1½ šalice sitnog (superfinog) šećera

120 ml/4 fl oz/½ šalice ulja

2,5 ml/½ žličice naribanog muškatnog oraščića

5 ml/1 žličica mljevenog cimeta

5 ml/1 žličica soli

2 jaja, istučena

225 g/8 oz/1 šalica kuhane, pire bundeve

60 ml/4 žlice vode

2,5 ml/½ žličice sode bikarbone (soda bikarbona)

1,5 ml/¼ žličice praška za pecivo

175 g/6 oz/1½ šalice glatkog (višenamjenskog) brašna

Šećer, ulje, muškatni oraščić, cimet, sol i jaja pomiješajte i dobro umutite. Umiješajte preostale sastojke i izmiješajte u glatku smjesu. Izlijte u dva podmazana kalupa za kruh (tepsije) od 450 g/1 lb i pecite u prethodno zagrijanoj pećnici na 180°C/350°F/plinska oznaka 4 1 sat dok ražnjić umetnut u sredinu ne izađe čist.

Kruh s grožđicama

Napravi dvije štruce od 450 g/1 lb

15 ml/1 žlica suhog kvasca

120 ml/4 fl oz/½ šalice tople vode

250 ml/8 tečnih oz/1 šalica toplog mlijeka

60 ml/4 žlice ulja

50 g/2 oz/¼ šalice šećera

1 jaje, tučeno

10 ml/2 žličice mljevenog cimeta

5 ml/1 žličica soli

225 g/8 oz/11/3 šalice grožđica, namočenih u hladnoj vodi preko noći

550 g/1¼ lb/5 šalica oštrog glatkog brašna (za kruh).

Kvasac razmutiti u toploj vodi i ostaviti da se zapjeni. Pomiješajte mlijeko, ulje, šećer, jaje, cimet i sol. Ocijedite grožđice i umiješajte ih u smjesu. Umiješajte smjesu kvasca. Postupno dodajte brašno i umijesite čvrsto tijesto. Stavite u podmazanu zdjelu i prekrijte nauljenom prozirnom folijom (plastičnom folijom). Ostavite na toplom mjestu oko 1 sat da se diže dok se ne udvostruči.

Ponovno premijesite i oblikujte u dva podmazana kalupa za kruh (tepsije) od 450 g/1 lb. Pokrijte nauljenom prozirnom folijom i ponovno ostavite na toplom mjestu dok se tijesto ne digne iznad vrha kalupa. Pecite u prethodno zagrijanoj pećnici na 150°C/300°F/plinska oznaka 2 1 sat dok ne porumene.

Namakanje grožđica

Pravi dvije štruce od 450 g/l lb

450 g/1 lb/4 šalice glatkog (višenamjenskog) brašna

2,5 ml/½ žličice soli

5 ml/1 žličica mljevene mješavine začina (pita od jabuka).

225 g/8 oz/11/3 šalice grožđica, nasjeckanih

10 ml/2 žličice sode bikarbone (soda bikarbona)

100 g/4 oz/½ šalice maslaca ili margarina, otopljenog

225 g/8 oz/1 šalica sitnog (superfinog) šećera

450 ml/¾ pt/2 šalice mlijeka

15 ml/1 žlica soka od limuna

30 ml/2 žlice džema od marelica (sačuvati), procijeđenog (procijeđenog)

Pomiješajte brašno, sol, miješane začine i grožđice. Umiješajte sodu bikarbonu u rastopljeni maslac dok se ne sjedini, zatim promiješajte sve sastojke dok se dobro ne sjedine. Pokrijte i ostavite stajati preko noći.

Žlicom rasporedite smjesu u dva namašćena i obložena kalupa za kruh (tepsije) od 450 g/1 lb i pecite u prethodno zagrijanoj pećnici na 180°C/350°F/plinska oznaka 4 1 sat dok ražnjić umetnut u sredinu ne izađe čist.

Kruh od rabarbare i datulja

Za jednu štrucu od 900 g/2 lb

225 g/8 oz rabarbare, nasjeckane

50 g/2 oz/¼ šalice maslaca ili margarina

225 g/8 oz/2 šalice glatkog (višenamjenskog) brašna

15 ml/1 žlica praška za pecivo

175 g/6 oz/1 šalica datulja bez koštica i sitno nasjeckanih

1 jaje, tučeno

60 ml/4 žlice mlijeka

Rabarbaru operite i lagano kuhajte samo u vodi dok ne dobijete pire. Maslac ili margarin utrljajte u brašno i prašak za pecivo dok smjesa ne bude poput krušnih mrvica. Umiješajte rabarbaru, datulje, jaje i mlijeko i dobro promiješajte. Žlicom stavljajte u podmazan i obložen kalup za kruh (tepsiju) od 900 g/2 lb i pecite u prethodno zagrijanoj pećnici na 190°C/375°F/plinska oznaka 5 1 sat dok ne postane čvrst na dodir.

Rižin kruh

Za jednu štrucu od 900 g/2 lb

75 g/3 oz/1/3 šalice arborio ili druge riže srednjeg zrna

500 ml/17 tečnih oz/2½ šalice mlake vode

15 g/½ oz svježeg kvasca ili 20 ml/4 žličice suhog kvasca

30 ml/2 žlice tople vode

550 g/1½ lb/6 šalica oštrog glatkog brašna (za kruh).

15 ml/1 žlica soli

U šerpu stavite rižu i pola mlake vode, zakuhajte, poklopite i lagano kuhajte oko 25 minuta dok riža ne upije svu tekućinu i dok se na površini ne pojave rupice od mjehurića.

U međuvremenu pomiješajte kvasac s toplom vodom. Kad je riža kuhana, umiješajte brašno, sol, kvasac i preostalu mlaku vodu te zamijesite mokro tijesto. Pokrijte nauljenom prozirnom folijom (plastičnom folijom) i ostavite na toplom mjestu oko 1 sat dok se ne udvostruči.

Umijesite tijesto na pobrašnjenoj površini, zatim ga oblikujte u namašćeni kalup za kruh (tepsiju) od 900 g/2 lb. Prekrijte nauljenom prozirnom folijom i ostavite na toplom mjestu dok se tijesto ne digne iznad vrha lima. Pecite u prethodno zagrijanoj pećnici na 230°C/450°F/plin oznaka 8 15 minuta, zatim smanjite temperaturu pećnice na 200°C/400°F/plin oznaka 6 i pecite još 15 minuta. Izvadite iz kalupa i vratite u pećnicu na dodatnih 15 minuta dok ne postane hrskava i smeđa.

Kruh s čajem od riže i orašastih plodova

Napravi dvije štruce od 900 g/2 lb

100 g/4 oz/½ šalice riže dugog zrna

300 ml/½ pt/1¼ šalice soka od naranče

400 g/14 oz/1¾ šalice sitnog (superfinog) šećera

2 jaja, istučena

50 g/2 oz/¼ šalice maslaca ili margarina, otopljenog

Naribana korica i sok 1 naranče

225 g/8 oz/2 šalice glatkog (višenamjenskog) brašna

175 g/6 oz/1½ šalice integralnog (cjelovitog) brašna

10 ml/2 žličice praška za pecivo

5 ml/1 žličica sode bikarbone (soda bikarbona)

5 ml/1 žličica soli

50 g/2 oz/½ šalice nasjeckanih oraha

50 g/2 oz/1/3 šalice sultanije (zlatne grožđice)

50 g/2 oz/1/3 šalice šećera u prahu (slastičarskog), prosijanog

Rižu kuhajte u puno kipuće slane vode oko 15 minuta dok ne omekša, zatim je ocijedite, isperite u hladnoj vodi i ponovno ocijedite. Pomiješajte sok od naranče, šećer, jaja, otopljeni maslac ili margarin i sve osim 2,5 ml/½ žličice narančine korice – ostatak i sok ostavite za glazuru (glazuru). Pomiješajte brašno, prašak za pecivo, sodu bikarbonu i sol pa umiješajte u smjesu šećera. Ubacite rižu, orahe i sultanije. Žlicom rasporedite smjesu u dva podmazana kalupa za kruh od 900 g/2 lb (tepsije) i pecite u prethodno zagrijanoj pećnici na 180°C/350°F/plinska oznaka 4 1 sat dok ražanj umetnut u sredinu ne izađe čist. Ostavite da se hladi u kalupima 10 minuta, zatim preokrenite na rešetku da se ohladi.

Pomiješajte šećer u prahu sa ostavljenom koricom naranče i dovoljno soka da dobijete glatku, gustu pastu. Pokapajte po štrucama i ostavite da se stegne. Poslužite narezano na ploške i namazano maslacem.

Kovrčave šećerne rolice

Čini oko 10

50 g/2 oz svježeg kvasca ili 75 ml/5 žlica suhog kvasca

75 g/3 oz/1/3 šalice mekog smeđeg šećera

300 ml/½ pt/1¼ šalice tople vode

175 g/6 oz/1 šalica ribiza

25 g/1 oz/3 žlice datulja bez koštica, nasjeckanih

45 ml/3 žlice soka od naranče

450 g/1 lb/4 šalice integralnog (cjelovitog) brašna

2,5 ml/½ žličice soli

25 g/1 oz/¼ šalice mlijeka u prahu (suho mlijeko bez masti)

15 ml/1 žlica mljevene mješavine začina (pita od jabuka).

75 g/3 oz/1/3 šalice maslaca ili margarina

15 ml/1 žlica naribane narančine korice

1 jaje

Za nadjev:

30 ml/2 žlice ulja

75 g/3 oz/1/3 šalice demerara šećera

Za glazuru:

15 ml/1 žlica bistrog meda

30 ml/2 žlice nasjeckanih oraha

Pomiješajte kvasac s malo mekog smeđeg šećera i malo tople vode i ostavite na toplom mjestu 20 minuta dok ne postane pjenast. Namočite ribizle i datulje u sok od naranče. Pomiješajte brašno, sol, mlijeko u prahu i miješane začine. Utrljajte maslac ili margarin pa umiješajte narančinu koricu i u sredini napravite udubinu. Dodajte smjesu s kvascem, preostalu toplu vodu i jaje te zamijesite glatko tijesto. Stavite u nauljenu zdjelu, prekrijte nauljenom prozirnom folijom (plastičnom folijom) i ostavite na toplom mjestu 1 sat dok se ne udvostruči.

Razvaljajte tijesto na lagano pobrašnjenoj površini u veliki pravokutnik. Premažite uljem i pospite demerara šećerom. Zarolati kao švicarsku (žele) roladu i rezati na desetak 2,5 cm/1 šnita. Složite na podmazan lim za pečenje (kolačiće) na udaljenosti od oko 1 cm/½, prekrijte nauljenom prozirnom folijom i ostavite na toplom mjestu 40 minuta. Pecite u prethodno zagrijanoj pećnici na 230°C/450°F/plinska oznaka 8 15 minuta dok dobro ne naraste. Premažite medom, pospite orasima i ostavite da se ohladi.

Selkirk Bannock

Za jednu štrucu od 450 g/1 lb

Za tijesto:

225 g/8 oz/2 šalice glatkog (višenamjenskog) brašna

Prstohvat soli

50 g/2 oz/¼ šalice svinjske masti (maslina)

150 ml/¼ pt/2/3 šalice mlijeka

15 g/½ oz svježeg kvasca ili 20 ml/4 žličice suhog kvasca

50 g/2 oz/¼ šalice sitnog (superfinog) šećera

100 g/4 oz/2/3 šalice sultanije (zlatne grožđice)

Za glazuru:

25 g/1 oz/2 žlice sitnog (superfinog) šećera

30 ml/2 žlice vode

Za izradu tijesta pomiješajte brašno i sol. Otopite mast, dodajte mlijeko i zagrijte krv. Izlijte na kvasac i umiješajte 5 ml/1 žličicu šećera. Ostavite oko 20 minuta dok se ne zapjeni. Napravite udubinu u sredini brašna i ulijte smjesu s kvascem. Postupno dodajte brašno i mijesite 5 minuta. Pokrijte i stavite na toplo mjesto 1 sat da se diže. Preokrenite na pobrašnjenu radnu površinu i umiješajte sultanice i preostali šećer. Oblikujte veliki krug i stavite na podmazan lim za pečenje (kolačiće). Prekrijte nauljenom prozirnom folijom (plastičnom folijom) i ostavite na toplom mjestu dok se ne udvostruči. Pecite u prethodno zagrijanoj pećnici na 220°C/425°F/plinska oznaka 7 15 minuta. Smanjite temperaturu pećnice na 190°C/375°F/plinska oznaka 5 i pecite još 25 minuta. Izvadite iz pećnice.

Sultanka i kruh od rogača

Za jednu štrucu od 900 g/2 lb

150 g/5 oz/1¼ šalice integralnog (cjelovitog) brašna

15 ml/1 žlica praška za pecivo

25 g/1 oz/¼ šalice rogača u prahu

50 g/2 oz/½ šalice zobenih pahuljica

50 g/2 oz/¼ šalice maslaca ili margarina, omekšalog

175 g/6 oz/1 šalica sultana (zlatne grožđice)

2 jaja, istučena

150 ml/¼ pt/2/3 šalice mlijeka

60 ml/4 žlice ulja

Pomiješajte suhe sastojke. Utrljajte maslac ili margarin, pa umiješajte sultanije. Umutite jaja, mlijeko i ulje, zatim umiješajte u smjesu brašna da dobijete mekano tijesto. Oblikujte u namašćeni kalup za kruh (tepsiju) od 900 g/2 lb i pecite u prethodno zagrijanoj pećnici na 180°C/350°F/plinska oznaka 4 1 sat dok ne postane čvrst na dodir.

Sultanija i Orange Loaf

Napravi dvije štruce od 450 g/1 lb

Za tijesto:

450 g/1 lb/4 šalice integralnog (cjelovitog) brašna

20 ml/4 žličice praška za pecivo

75 g/3 oz/1/3 šalice mekog smeđeg šećera

5 ml/1 žličica soli

2,5 ml/½ žličice mljevene mace

75 g/3 oz/1/3 šalice biljne masti (smaj)

3 bjelanjka

300 ml/½ pt/1¼ šalice mlijeka

Za nadjev:

175 g/6 oz/1½ šalice integralnih (integralnih) mrvica za kolač

50 g/2 oz/½ šalice mljevenih badema

50 g/2 oz/¼ šalice mekog smeđeg šećera

100 g/4 oz/2/3 šalice sultanije (zlatne grožđice)

30 ml/2 žlice soka od naranče

1 jaje, lagano tučeno

Za glazuru:

15 ml/1 žlica meda

Za izradu tijesta pomiješajte suhe sastojke i utrljajte masnoću. Pomiješajte bjelanjke i mlijeko i umiješajte u smjesu dok ne dobijete mekano, podatno tijesto. Pomiješajte sastojke za punjenje, koristeći dovoljno jaja da dobijete konzistenciju za mazanje. Razvaljajte tijesto na lagano pobrašnjenoj površini na pravokutnik 20 x 30 cm/8 x 10 in. Nadjev rasporedite preko svega osim gornjeg 2,5 cm/1 in uz duži rub. Zarolajte sa suprotnog ruba, kao švicarsku (žele) roladu i navlažite običnu traku tijesta da se zatvori. Navlažite svaki kraj i oblikujte roladu u krug, spajajući krajeve. Oštrim škarama napravite male rezove oko vrha za ukras. Stavite na podmazan lim za pečenje (kolačiće) i premažite preostalim jajetom. Ostavite da se odmori 15 minuta.

Pecite u prethodno zagrijanoj pećnici na 230°C/450°F/plinska oznaka 8 25 minuta dok ne porumene. Premažite medom i ostavite da se ohladi.

Sultana i šeri kruh

Za jednu štrucu od 900 g/2 lb

225 g/8 oz/1 šalica neslanog (slatkog) maslaca ili margarina, omekšali

225 g/8 oz/1 šalica mekog smeđeg šećera

4 jaja

45 ml/3 žlice slatkog šerija

5 ml/1 žličica esencije vanilije (ekstrakt)

200 g/7 oz/1¾ šalice glatkog (višenamjenskog) brašna

Prstohvat soli

75 g/3 oz/½ šalice sultanije (zlatne grožđice)

50 g/2 oz/1/3 šalice datulja bez koštica, nasjeckanih

50 g/2 oz/1/3 šalice suhih smokava, narezanih na kockice

50 g/2 oz/½ šalice nasjeckane miješane (ušećerene) kore

Miksajte maslac ili margarin i šećer dok ne postane svijetlo i pjenasto. Postupno dodajte jaja, zatim šeri i aromu vanilije. Brašno i sol pomiješajte s voćem pa umiješajte u smjesu i dobro promiješajte. Žlicom stavljajte u podmazan i pobrašnjen kalup za kruh (tepsiju) od 900 g/2 lb i pecite u prethodno zagrijanoj pećnici na 180°C/350°F/plinska oznaka 4 1 sat. Ostavite da se hladi u kalupu 10 minuta, zatim preokrenite na rešetku da se ohladi.

Cottage Tea Bread

Napravi dvije štruce od 450 g/1 lb

Za tijesto:

25 g/1 oz svježeg kvasca ili 40 ml/2½ žlice suhog kvasca

15 ml/1 žlica mekog smeđeg šećera

300 ml/½ pt/1¼ šalice tople vode

15 ml/1 žlica maslaca ili margarina

450 g/1 lb/4 šalice integralnog (cjelovitog) brašna

15 ml/1 žlica mlijeka u prahu (bezmasnog suhog mlijeka)

5 ml/1 žličica mljevene mješavine začina (pita od jabuka).

2,5 ml/½ žličice soli

1 jaje

175 g/6 oz/1 šalica ribiza

100 g/4 oz/2/3 šalice sultanije (zlatne grožđice)

50 g/2 oz/1/3 šalice grožđica

50 g/2 oz/1/3 šalice nasjeckane miješane (ušećerene) kore

Za glazuru:

15 ml/1 žlica soka od limuna

15 ml/1 žlica vode

Prstohvat mljevene miješane (pita od jabuka) začina

Za izradu tijesta pomiješajte kvasac sa šećerom s malo tople vode i ostavite na toplom mjestu 10 minuta dok ne postane pjenasto. Maslac ili margarin utrljajte u brašno, zatim umiješajte mlijeko u prahu, pomiješane začine i sol i napravite udubinu u sredini. Umiješajte jaje, smjesu kvasca i preostalu toplu vodu te zamijesite tijesto. Mijesite dok ne postane glatko i elastično. Poradite na ribizlu, sultanijama, grožđicama i miješanoj kori. Stavite u nauljenu zdjelu, prekrijte nauljenom prozirnom folijom i ostavite na toplom 45 minuta. Oblikujte dva namašćena kalupa za kruh (tepsije) od 450 g/1 lb. Prekrijte nauljenom prozirnom folijom i ostavite na toplom mjestu 15 minuta. Pecite u prethodno zagrijanoj pećnici na 220°C/425°F/plinska oznaka 7 30 minuta dok ne porumene. Izvaditi iz pleha. Pomiješajte sastojke za glazuru i premažite vruće štruce, pa ostavite da se ohlade.

Čajni kolači

Čini 6

15 g/½ oz svježeg kvasca ili 20 ml/4 žličice suhog kvasca

300 ml/½ pt/1¼ šalice toplog mlijeka

25 g/1 oz/2 žlice sitnog (superfinog) šećera

25 g/1 oz/2 žlice maslaca ili margarina

450 g/1 lb/4 šalice glatkog (višenamjenskog) brašna

5 ml/1 žličica soli

50 g/2 oz/1/3 šalice sultanije (zlatne grožđice)

Kvasac pomiješajte s toplim mlijekom i malo šećera i ostavite na toplom mjestu dok se ne zapjeni. Maslac ili margarin utrljajte u brašno i sol pa umiješajte preostali šećer i grožđice. Umiješajte kvasac i zamijesite mekano tijesto. Izbacite na lagano pobrašnjenu površinu i miješajte dok ne postane glatko. Stavite u nauljenu zdjelu, prekrijte nauljenom prozirnom folijom (plastičnom folijom) i ostavite na toplom mjestu dok se ne udvostruči. Tijesto ponovo premijesite, podijelite na šest dijelova i svaki razvaljajte u kuglu. Malo spljoštiti na podmazan lim za pečenje (kolačiće), prekriti nauljenom prozirnom folijom i ostaviti na toplom mjestu dok se ne udvostruči. Pecite u prethodno zagrijanoj pećnici na 200°C/400°F/plinska oznaka 6 20 minuta.

Pogačice od krumpira

Čini 12

50 g/2 oz/¼ šalice maslaca ili margarina

225 g/8 oz/2 šalice samodizajućeg (samodizajućeg) brašna

Prstohvat soli

175 g/6 oz/¾ šalice kuhanog pire krumpira

60 ml/4 žlice mlijeka

Maslac ili margarin utrljajte u brašno i sol. Umiješajte pire krumpir i dovoljno mlijeka da dobijete mekano tijesto. Razvaljati na lagano pobrašnjenoj podlozi na oko 2,5 cm/l debljine i rezati kalupom za kekse. Stavite pogačice (keksiće) na lagano podmazan lim za pečenje (kolačiće) i pecite u prethodno zagrijanoj pećnici na 200°C/400°F/plinska oznaka 6 15-20 minuta dok ne porumene.

Pogačice s grožđicama

Čini 12

75 g/3 oz/½ šalice grožđica

225 g/8 oz/2 šalice glatkog (višenamjenskog) brašna

2,5 ml/½ žličice soli

15 ml/1 žlica praška za pecivo

25 g/1 oz/2 žlice sitnog (superfinog) šećera

50 g/2 oz/¼ šalice maslaca ili margarina

120 ml/4 fl oz/½ šalice jednostruke (svijetle) kreme

1 jaje, tučeno

Grožđice namočite u vrućoj vodi 30 minuta, zatim ocijedite. Pomiješajte suhe sastojke, pa utrljajte maslac ili margarin. Umiješajte vrhnje i jaje da dobijete mekano tijesto. Podijelite na tri loptice, zatim ih razvaljajte na oko 1 cm/½ debljine i stavite na podmazan lim za pečenje (kolačiće). Svaku narežite na četvrtine. Pecite pogačice (keksiće) u prethodno zagrijanoj pećnici na 230°C/450°F/plinska oznaka 8 oko 10 minuta dok ne porumene.

Pogačice od melase

Čini 10

225 g/8 oz/2 šalice glatkog (višenamjenskog) brašna

10 ml/2 žličice praška za pecivo

2,5 ml/½ žličice mljevenog cimeta

50 g/2 oz/¼ šalice maslaca ili margarina, narezanog na kockice

25 g/1 oz/2 žlice sitnog (superfinog) šećera

30 ml/2 žlice crnog melase (melase)

150 ml/¼ pt/2/3 šalice mlijeka

Pomiješajte brašno, prašak za pecivo i cimet. Utrljajte maslac ili margarin pa umiješajte šećer, melasu i toliko mlijeka da dobijete mekano tijesto. Razvaljajte na 1 cm/½ debljine i izrežite kalupom za kekse na krugove od 5 cm/2. Stavite pogačice (keksiće) na podmazan lim za pečenje i pecite u prethodno zagrijanoj pećnici na 220°C/425°F/plinska oznaka 7 10-15 minuta dok dobro ne narastu i porumene.

Pogačice od melase i đumbira

Čini 12

400 g/14 oz/3½ šalice glatkog (višenamjenskog) brašna

50 g/2 oz/½ šalice rižinog brašna

5 ml/1 žličica sode bikarbone (soda bikarbona)

2,5 ml/½ žličice kreme od zubnog kamenca

10 ml/2 žličice mljevenog đumbira

2,5 ml/½ žličice soli

10 ml/2 žličice sitnog (superfinog) šećera

50 g/2 oz/¼ šalice maslaca ili margarina

30 ml/2 žlice crnog melase (melase)

300 ml/½ pt/1¼ šalice mlijeka

Pomiješajte suhe sastojke. Utrljajte maslac ili margarin dok smjesa ne podsjeća na krušne mrvice. Umiješajte melasu i toliko mlijeka da dobijete mekano ali neljepljivo tijesto. Lagano premijesite na lagano pobrašnjenoj površini, razvaljajte i izrežite krugove kalupom za kekse (kolačiće) od 7,5 cm/3. Stavite pogačice (keksiće) na podmazan lim za pečenje (kolačiće) i premažite preostalim mlijekom. Pecite u prethodno zagrijanoj pećnici na 220°C/425°F/plinska oznaka 7 15 minuta dok ne naraste i ne porumene.

Sultanija pogačice

Čini 12

225 g/8 oz/2 šalice glatkog (višenamjenskog) brašna

Prstohvat soli

2,5 ml/½ žličice sode bikarbone (soda bikarbona)

2,5 ml/½ žličice kreme od zubnog kamenca

50 g/2 oz/¼ šalice maslaca ili margarina

25 g/1 oz/2 žlice sitnog (superfinog) šećera

50 g/2 oz/1/3 šalice sultanije (zlatne grožđice)

7,5 ml/½ žlice limunovog soka

150 ml/¼ pt/2/3 šalice mlijeka

Pomiješajte brašno, sol, sodu bikarbonu i tartar. Utrljajte maslac ili margarin dok smjesa ne podsjeća na krušne mrvice. Umiješajte šećer i sultanije. Limunov sok umiješajte u mlijeko i postupno umiješajte u suhe sastojke dok ne dobijete mekano tijesto. Lagano premijesite, zatim razvaljajte na oko 1 cm/½ debljine i izrežite kalupom za biskvit (kolačiće) krugove od 5 cm/2. Stavite pogačice (keksiće) na podmazan lim za pečenje (kolačiće) i pecite u prethodno zagrijanoj pećnici na 230°C/450°F/plin oznaka 8 oko 10 minuta dok se dobro ne dignu i ne porumene.

Pogačice s melasom od cjelovitog brašna

Čini 12

100 g/4 oz/1 šalica integralnog (cjelovitog) brašna

100 g/4 oz/1 šalica glatkog (višenamjenskog) brašna

25 g/1 oz/2 žlice sitnog (superfinog) šećera

2,5 ml/½ žličice kreme od zubnog kamenca

2,5 ml/½ žličice sode bikarbone (soda bikarbona)

5 ml/1 žličica miješanih (pita od jabuka) začina

50 g/2 oz/¼ šalice maslaca ili margarina

30 ml/2 žlice crnog melase (melase)

100 ml/3½ tečne oz/6½ žlice mlijeka

Pomiješajte suhe sastojke, pa utrljajte maslac ili margarin. Zagrijte melasu, pa je umiješajte u sastojke s dovoljno mlijeka da dobijete mekano tijesto. Razvaljajte na lagano pobrašnjenoj površini na 1 cm/½ debljine i izrežite krugove kalupom za kekse. Slažite pogačice (keksiće) na namašćen i pobrašnjen lim za pečenje (kolačiće) i premažite mlijekom. Pecite u prethodno zagrijanoj pećnici na 190°C/375°F/plinska oznaka 5 20 minuta.

Kiflice s jogurtom

Čini 12

200 g/7 oz/1¾ šalice glatkog (višenamjenskog) brašna

25 g/1 oz/¼ šalice rižinog brašna

10 ml/2 žličice praška za pecivo

Prstohvat soli

15 ml/1 žlica sitnog (superfinog) šećera

50 g/2 oz/¼ šalice maslaca ili margarina

150 ml/¼ pt/2/3 šalice običnog jogurta

Pomiješajte brašno, prašak za pecivo, sol i šećer. Utrljajte maslac ili margarin dok smjesa ne podsjeća na krušne mrvice. Umiješajte jogurt da dobijete mekano ali neljepljivo tijesto. Na pobrašnjenoj podlozi razvaljati na oko 2 cm/¾ debljine i kalupom za kekse rezati na krugove od 5 cm/2. Stavite na podmazan lim za pečenje (kolačiće) i pecite u prethodno zagrijanoj pećnici na 200°C/400°F/plinska oznaka 6 oko 15 minuta dok se dobro ne dignu i ne porumene.

Pogačice sa sirom

Čini 12

225 g/8 oz/2 šalice glatkog (višenamjenskog) brašna

2,5 ml/½ žličice soli

15 ml/1 žlica praška za pecivo

50 g/2 oz/¼ šalice maslaca ili margarina

100 g/4 oz/1 šalica cheddar sira, naribanog

150 ml/¼ pt/2/3 šalice mlijeka

Pomiješajte brašno, sol i prašak za pecivo. Utrljajte maslac ili margarin dok smjesa ne podsjeća na krušne mrvice. Umiješajte sir. Postupno umiješajte mlijeko da dobijete mekano tijesto. Lagano premijesite, zatim razvaljajte na oko 1 cm/½ debljine i izrežite kalupom za biskvit (kolačiće) krugove od 5 cm/2. Stavite pogačice (keksiće) na podmazan lim za pečenje (kolačiće) i pecite u prethodno zagrijanoj pećnici na 220°C/425°F/plinska oznaka 7 12-15 minuta dok se dobro ne dignu i porumene na vrhu. Poslužite toplo ili hladno.

Pogačice sa začinskim biljem od cjelovitog brašna

Čini 12

100 g/4 oz/½ šalice maslaca ili margarina

175 g/6 oz/1¼ šalice integralnog (cjelovitog) brašna

50 g/2 oz/½ šalice glatkog (višenamjenskog) brašna

10 ml/2 žličice praška za pecivo

30 ml/2 žlice nasjeckane svježe kadulje ili majčine dušice

150 ml/¼ pt/2/3 šalice mlijeka

Maslac ili margarin utrljajte u brašno i prašak za pecivo dok smjesa ne bude poput krušnih mrvica. Umiješajte začinsko bilje i dovoljno mlijeka da dobijete mekano tijesto. Lagano premijesite, zatim razvaljajte na oko 1 cm/½ debljine i izrežite kalupom za biskvit (kolačiće) krugove veličine 5 cm/2. Stavite pogačice (keksiće) na podmazan lim za pečenje (kolačiće) i premažite vrhove mlijekom. Pecite u prethodno zagrijanoj pećnici na 220°C/425°F/plinska oznaka 7 10 minuta dok ne naraste i ne porumene.

Salama i pogačice sa sirom

Služi 4

50 g/2 oz/¼ šalice maslaca ili margarina

225 g/8 oz/2 šalice samodizajućeg (samodizajućeg) brašna

Prstohvat soli

50 g/2 oz salame, nasjeckane

75 g/3 oz/¾ šalice cheddar sira, naribanog

75 ml/5 žlica mlijeka

Maslac ili margarin utrljajte u brašno i sol dok smjesa ne podsjeća na krušne mrvice. Umiješajte salamu i sir pa dodajte mlijeko i zamijesite mekano tijesto. Oblikujte okrugli oblik od 20 cm/8 ina i malo spljoštite. Stavite pogačice (keksiće) na podmazan lim za pečenje (kolačiće) i pecite u prethodno zagrijanoj pećnici na 220°C/425°F/plinska oznaka 7 15 minuta dok ne porumene.

Pogačice od cjelovitog brašna

Čini 12

175 g/6 oz/1½ šalice integralnog (cjelovitog) brašna

50 g/2 oz/½ šalice glatkog (višenamjenskog) brašna

15 ml/1 žlica praška za pecivo

Prstohvat soli

50 g/2 oz/¼ šalice maslaca ili margarina

50 g/2 oz/¼ šalice sitnog (superfinog) šećera

150 ml/¼ pt/2/3 šalice mlijeka

Pomiješajte brašno, prašak za pecivo i sol. Utrljajte maslac ili margarin dok smjesa ne podsjeća na krušne mrvice. Umiješajte šećer. Postupno umiješajte mlijeko da dobijete glatko tijesto. Lagano premijesite, zatim razvaljajte na oko 1 cm/½ debljine i izrežite kalupom za biskvit (kolačiće) krugove od 5 cm/2. Stavite pogačice (keksiće) na podmazan lim za pečenje (kolačiće) i pecite u prethodno zagrijanoj pećnici na 230°C/450°F/plin oznaka 8 oko 15 minuta dok se ne dignu i porumene. Poslužite toplo.

Barbadoški Conkies

Čini 12

350 g/12 oz bundeve, naribane

225 g/8 oz slatkog krumpira, naribanog

1 veliki kokos, naribani, ili 225 g/8 oz 2 šalice osušenog (naribanog) kokosa

350 g/12 oz/1½ šalice mekog smeđeg šećera

5 ml/1 žličica mljevene mješavine začina (pita od jabuka).

5 ml/1 žličica naribanog muškatnog oraščića

5 ml/1 žličica soli

5 ml/1 žličica esencije badema (ekstrakt)

100 g/4 oz/2/3 šalice grožđica

350 g/12 oz/3 šalice kukuruznog brašna

100 g/4 oz/1 šalica samodizajućeg (samodizajućeg) brašna

175 g/6 oz/¾ šalice maslaca ili margarina, otopljenog

300 ml/½ pt/1¼ šalice mlijeka

Pomiješajte bundevu, batat i kokos. Umiješajte šećer, začine, sol i esenciju badema. Dodajte grožđice, kukuruznu krupicu i brašno i dobro promiješajte. Pomiješajte otopljeni maslac ili margarin s mlijekom i umiješajte u suhe sastojke dok se dobro ne sjedine. Stavite oko 60 ml/4 žlice smjese u kvadrat folije, pazeći da ne bude previše. Savijte foliju u paket tako da bude uredno zamotan i da smjesa ne ostane izložena. Ponovite s preostalom smjesom. Konkije kuhajte na pari na rešetki iznad posude s kipućom vodom oko 1 sat dok ne postanu čvrsti i kuhani. Poslužite toplo ili hladno.

Božićni keksi prženi u dubokom ulju

Čini 40

50 g/2 oz/¼ šalice maslaca ili margarina

100 g/4 oz/1 šalica glatkog (višenamjenskog) brašna

2,5 ml/½ žličice mljevenog kardamoma

25 g/1 oz/2 žlice sitnog (superfinog) šećera

15 ml/1 žlica duplog (gustog) vrhnja

5 ml/1 žličica rakije

1 malo jaje, istučeno

Ulje za prženje u dubokom ulju

Šećer u prahu (slastičarski) za posipanje

Utrljajte maslac ili margarin u brašno i kardamom dok smjesa ne nalikuje krušnim mrvicama. Umiješajte šećer pa dodajte vrhnje i brandy te dovoljno jaja da dobijete prilično čvrstu smjesu. Pokrijte i ostavite na hladnom mjestu 1 sat.

Razvaljajte na lagano pobrašnjenoj površini na 5 mm/¼ debljine i izrežite rezačem za tijesto na trake veličine 10 x 2,5 cm/4 x 1. Oštrim nožem izrežite prorez u sredini svake trake. Provucite jedan kraj trake kroz prorez kako biste napravili poluluk. Kekse (kolačiće) pržiti u serijama na vrućem ulju oko 4 minute dok ne porumene i nabubre. Ocijedite na kuhinjskom papiru (papirnatim ručnicima) i poslužite posipano šećerom u prahu.

Kolači od kukuruznog brašna

Čini 12

100 g/4 oz/1 šalica samodizajućeg (samodizajućeg) brašna

100 g/4 oz/1 šalica kukuruznog brašna

5 ml/1 žličica praška za pecivo

15 g/½ oz/1 žlica sitnog (vrlo finog) šećera

2 jaja

375 ml/13 tečnih oz/1½ šalice mlijeka

60 ml/4 žlice ulja

Ulje za plitko prženje

Pomiješajte suhe sastojke i napravite udubinu u sredini. Umutiti jaja, mlijeko i izmjereno ulje pa umiješati u suhe sastojke. Zagrijte malo ulja u velikoj tavi (tavi) i pržite (pirjajte) 60 ml/4 žlice tijesta dok se na vrhu ne pojave mjehurići. Okrenite i zapecite s druge strane. Izvadite iz tave i držite na toplom dok nastavljate s preostalim tijestom. Poslužite toplo.

Krumpete

Čini 8

15 g/½ oz svježeg kvasca ili 20 ml/4 žličice suhog kvasca

5 ml/1 žličica sitnog (superfinog) šećera

300 ml/½ pt/1¼ šalice mlijeka

1 jaje

250 g/9 oz/2¼ šalice glatkog (višenamjenskog) brašna

5 ml/1 žličica soli

Ulje za podmazivanje

Pomiješajte kvasac i šećer s malo mlijeka u pastu, zatim umiješajte preostalo mlijeko i jaje. Umiješajte tekućinu u brašno i sol i pomiješajte u kremastu, gustu smjesu. Pokrijte i ostavite na toplom mjestu 30 minuta dok se ne udvostruči. Zagrijte ringlu ili tešku tavu (tavu) i malo je namastite. Stavite 7,5 cm/3 u prstenove za pečenje na rešetku. (Ako nemate prstenove za pečenje, pažljivo odrežite vrh i dno malog kalupa.) Ulijte pune šalice smjese u prstenove i kuhajte oko 5 minuta dok donja strana ne porumeni, a vrh ne očisti koštice. Ponovite s preostalom smjesom. Poslužite prepečeno.

krafne

Čini 16

300 ml/½ pt/1¼ šalice toplog mlijeka

15 ml/1 žlica suhog kvasca

175 g/6 oz/¾ šalice sitnog (superfinog) šećera

450 g/1 lb/4 šalice oštrog glatkog brašna (za kruh).

5 ml/1 žličica soli

50 g/2 oz/¼ šalice maslaca ili margarina

1 jaje, tučeno

Ulje za prženje u dubokom ulju

5 ml/1 žličica mljevenog cimeta

Pomiješajte toplo mlijeko, kvasac, 5 ml/1 žličicu šećera i 100 g/4 oz/1 šalicu brašna. Ostavite na toplom mjestu 20 minuta dok se ne zapjeni. Pomiješajte preostalo brašno, 50 g/2 oz/¼ šalice šećera i sol u zdjeli i utrljajte u maslac ili margarin dok smjesa ne nalikuje krušnim mrvicama. Umiješajte jaja i smjesu kvasca i dobro umijesite glatko tijesto. Pokrijte i ostavite na toplom mjestu 1 sat. Ponovno premijesite i razvaljajte na 2 cm/½ debljine. Rezačem od 8 cm/3 in izrežite na kolutiće, a središte izrežite rezačem od 4 cm/1½ inča.

Stavite na podmazan lim za pečenje (kolačiće) i ostavite da se diže 20 minuta. Zagrijte ulje dok se gotovo ne zadimi, a zatim pržite krafne nekoliko po nekoliko minuta dok ne porumene. Dobro ocijediti. Stavite preostali šećer i cimet u vrećicu i istresite krafne u vrećici dok se dobro ne prekriju.

Uštipci od krumpira

Čini 24

15 ml/1 žlica suhog kvasca

60 ml/4 žlice tople vode

25 g/1 oz/2 žlice sitnog (superfinog) šećera

25 g/1 oz/2 žlice svinjske masti (maslina)

1,5 ml/¼ žličice soli

75 g/3 oz/1/3 šalice pire krumpira

1 jaje, tučeno

120 ml/4 fl oz/½ šalice mlijeka, kuhano

300 g/10 oz/2½ šalice oštrog glatkog brašna (za kruh).

Ulje za prženje u dubokom ulju

Šećer u prahu za posipanje

Kvasac otopiti u toploj vodi sa žličicom šećera i ostaviti da se zapjeni. Pomiješajte mast, preostali šećer i sol. Umiješajte krumpir, smjesu kvasca, jaje i mlijeko, zatim postupno dodajte brašno i zamijesite glatko tijesto. Istresite na pobrašnjenu površinu i dobro umijesite. Stavite u podmazanu zdjelu, prekrijte prozirnom folijom (plastičnom folijom) i ostavite na toplom mjestu oko 1 sat dok se ne udvostruči.

Ponovno premijesite, zatim razvaljajte na 1 cm/½ debljine. Izrežite kolutove rezačem od 8 cm/3 in, zatim izrežite središte rezačem od 4 cm/1½ kako biste napravili oblike krafni. Ostavite da se diže dok se ne udvostruči. Zagrijte ulje i prodinstajte krafne dok ne porumene. Pospite šećerom i ostavite da se ohladi.

Naan kruh

Čini 6

2,5 ml/½ žličice suhog kvasca

60 ml/4 žlice tople vode

350 g/12 oz/3 šalice glatkog (višenamjenskog) brašna

10 ml/2 žličice praška za pecivo

Prstohvat soli

150 ml/¼ pt/2/3 šalice običnog jogurta

Otopljeni maslac za premazivanje

Pomiješajte kvasac i toplu vodu i ostavite na toplom mjestu 10 minuta dok se ne zapjeni. Smjesu kvasca umiješajte u brašno, prašak za pecivo i sol, pa umiješajte jogurt i zamijesite mekano tijesto. Mijesite dok više ne bude ljepljivo. Stavite u nauljenu zdjelu, poklopite i ostavite da se diže 8 sati.

Podijelite tijesto na šest dijelova i razvaljajte u ovale debljine oko 5 mm/¼. Stavite na podmazan lim za pečenje (kolačiće) i premažite otopljenim maslacem. Pecite (pecite) na srednje jakoj rešetki (briler) oko 5 minuta dok lagano ne napuhne, zatim okrenite i namažite drugu stranu maslacem i pecite na roštilju još 3 minute dok lagano ne porumene.

Oat Bannocks

Čini 4

100 g/4 oz/1 šalica srednje velike zobene kaše

2,5 ml/½ žličice soli

Prstohvat sode bikarbone (soda bikarbona)

10 ml/2 žličice ulja

60 ml/4 žličice vruće vode

Pomiješajte suhe sastojke u posudi i napravite udubinu u sredini. Umiješajte ulje i vodu toliko da dobijete čvrsto tijesto. Izbacite na lagano pobrašnjenu površinu i mijesite dok ne postane glatko. Razvaljajte na oko 5 mm/¼ debljine, uredite rubove, zatim narežite na četvrtine. Zagrijte tavu (tavu) i pržite (pirjajte) bannocks oko 20 minuta dok se uglovi ne počnu savijati. Okrenite i pecite drugu stranu 6 minuta.

Štučići

Čini 8

10 ml/2 žličice svježeg kvasca ili 5 ml/1 žličica suhog kvasca

5 ml/1 žličica sitnog (superfinog) šećera

300 ml/½ pt/1¼ šalice mlijeka

1 jaje

225 g/8 oz/2 šalice glatkog (višenamjenskog) brašna

5 ml/1 žličica soli

Ulje za podmazivanje

Pomiješajte kvasac i šećer s malo mlijeka u pastu, zatim umiješajte preostalo mlijeko i jaje. Tekućinu umiješajte u brašno i sol i izmiješajte u rijetku smjesu. Pokrijte i ostavite na toplom mjestu 30 minuta dok se ne udvostruči. Zagrijte ringlu ili tešku tavu (tavu) i malo je namastite. Pune šalice smjese izlijte na rešetku i pecite oko 3 minute dok donja strana ne porumeni, zatim okrenite i pecite oko 2 minute s druge strane. Ponovite s preostalom smjesom.

Easy Drop Scones

Čini 15

100 g/4 oz/1 šalica samodizajućeg (samodizajućeg) brašna

Prstohvat soli

15 ml/1 žlica sitnog (superfinog) šećera

1 jaje

150 ml/¼ pt/2/3 šalice mlijeka

Ulje za podmazivanje

Pomiješajte brašno, sol i šećer i napravite udubinu u sredini. Ubacite jaje i postupno umiješajte jaje i mlijeko dok ne dobijete glatko tijesto. Zagrijte veću tavu (tavu) i lagano je nauljite. Kada je vruće, stavljajte žlice tijesta u tavu tako da oblikuju krugove. Kuhajte oko 3 minute dok se scones (keksići) ne napuhnu i ne porumene s donje strane, zatim ih okrenite i zapecite drugu stranu. Poslužite toplo ili toplo.

Maple Drop Scones

Čini 30

200 g/7 oz/1¾ šalice samodizajućeg (samodizajućeg) brašna

25 g/1 oz/¼ šalice rižinog brašna

10 ml/2 žličice praška za pecivo

25 g/1 oz/2 žlice sitnog (superfinog) šećera

Prstohvat soli

15 ml/1 žlica javorovog sirupa

1 jaje, tučeno

200 ml/7 tečnih oz/nedovoljno 1 šalica mlijeka

Suncokretovo ulje

50 g/2 oz/¼ šalice maslaca ili margarina, omekšalog

15 ml/1 žlica sitno nasjeckanih oraha

Pomiješajte brašno, prašak za pecivo, šećer i sol i napravite udubinu u sredini. Dodajte javorov sirup, jaje i pola mlijeka i tucite dok smjesa ne postane glatka. U preostalo mlijeko umiješajte gustu smjesu. Zagrijte malo ulja u tavi (tavi) pa odlijte višak. Žličnjacima stavljajte tijesto u tavu i pržite (pirjajte) dok donja strana ne porumeni. Okrenite i ispecite i druge strane. Izvadite iz posude i držite na toplom dok pržite preostale pogačice (keksiće). Zgnječite maslac ili margarin s orašastim plodovima i toplu pogačicu prelijte aromatiziranim maslacem za posluživanje.

Pogačice na roštilju

Čini 12

225 g/8 oz/2 šalice glatkog (višenamjenskog) brašna

5 ml/1 žličica sode bikarbone (soda bikarbona)

10 ml/2 žličice kreme od zubnog kamenca

2,5 ml/½ žličice soli

25 g/1 oz/2 žlice svinjske masti (maslac) ili maslaca

25 g/1 oz/2 žlice sitnog (superfinog) šećera

150 ml/¼ pt/2/3 šalice mlijeka

Ulje za podmazivanje

Pomiješajte brašno, sodu bikarbonu, tartar kremu i sol. Utrljajte mast ili maslac, pa umiješajte šećer. Postupno umiješajte mlijeko dok ne dobijete mekano tijesto. Prerežite tijesto na pola i svaki premijesite i oblikujte u ravni krug debljine oko 1 cm/½. Svaki krug izrežite na šest. Zagrijte lonac ili veliku tavu (tavu) i lagano nauljite. Kad su vrući, stavite scones (keksiće) u tavu i pecite oko 5 minuta dok ne porumene s donje strane, zatim ih okrenite i pecite s druge strane. Ostavite da se ohladi na rešetki.

Pogačice s pečenim sirom

Čini 12

25 g/1 oz/2 žlice maslaca ili margarina, omekšalog

100 g/4 oz/½ šalice svježeg sira

5 ml/1 žličica nasjeckanog svježeg vlasca

2 jaja, istučena

40 g/1½ oz/1/3 šalice glatkog (višenamjenskog) brašna

15 g/½ oz/2 žlice rižinog brašna

5 ml/1 žličica praška za pecivo

15 ml/1 žlica mlijeka

Ulje za podmazivanje

Pomiješajte sve sastojke osim ulja da dobijete gustu smjesu. Zagrijte malo ulja u tavi (tavi) pa ocijedite višak. Pržite (pirjajte) žličnjake smjese dok donja strana ne porumeni. Okrenite pogačice (keksiće) i ispecite drugu stranu. Izvadite iz tave i držite na toplom dok pržite preostale kiflice

Posebne škotske palačinke

Čini 12

100 g/4 oz/1 šalica glatkog (višenamjenskog) brašna

10 ml/2 žličice sitnog (superfinog) šećera

5 ml/1 žličica kreme od zubnog kamenca

2,5 ml/½ žličice soli

2,5 ml/½ žličice sode bikarbone (soda bikarbona)

1 jaje

5 ml/1 žličica zlatnog (svijetlog kukuruznog) sirupa

120 ml/4 fl oz/½ šalice toplog mlijeka

Ulje za podmazivanje

Pomiješajte suhe sastojke i napravite udubinu u sredini. Umutite jaje sa sirupom i mlijekom i umiješajte u smjesu od brašna dok ne dobijete vrlo gustu smjesu. Pokrijte i ostavite stajati oko 15 minuta dok smjesa ne zapuhiri. Zagrijte veliku tavu ili tešku tavu (tavu) i lagano je namastite. Stavite male žlice tijesta na rešetku i pecite jednu stranu oko 3 minute dok donja strana ne postane zlatna, zatim okrenite i pecite drugu stranu oko 2 minute. Zamotajte palačinke u toplu kuhinjsku krpu (krpu za suđe) dok kuhate preostalo tijesto. Poslužite svježe i namazano maslacem, prepečeno ili prženo (pirjano).

Voćne škotske palačinke

Čini 12

100 g/4 oz/1 šalica glatkog (višenamjenskog) brašna

10 ml/2 žličice sitnog (superfinog) šećera

5 ml/1 žličica kreme od zubnog kamenca

2,5 ml/½ žličice soli

2,5 ml/½ žličice sode bikarbone (soda bikarbona)

100 g/4 oz/2/3 šalice grožđica

1 jaje

5 ml/1 žličica zlatnog (svijetlog kukuruznog) sirupa

120 ml/4 fl oz/½ šalice toplog mlijeka

Ulje za podmazivanje

Pomiješajte suhe sastojke i grožđice i napravite udubinu u sredini. Umutite jaje sa sirupom i mlijekom i umiješajte u smjesu od brašna dok ne dobijete vrlo gustu smjesu. Pokrijte i ostavite stajati oko 15 minuta dok smjesa ne zapuhiri. Zagrijte veliku tavu ili tešku tavu (tavu) i lagano je namastite. Stavite male žlice tijesta na rešetku i pecite jednu stranu oko 3 minute dok donja strana ne postane zlatna, zatim okrenite i pecite drugu stranu oko 2 minute. Zamotajte palačinke u toplu kuhinjsku krpu (krpu za suđe) dok pečete ostatak. Poslužite svježe i namazano maslacem, prepečeno ili prženo (pirjano).

Narančaste škotske palačinke

Čini 12

100 g/4 oz/1 šalica glatkog (višenamjenskog) brašna

10 ml/2 žličice sitnog (superfinog) šećera

5 ml/1 žličica kreme od zubnog kamenca

2,5 ml/½ žličice soli

2,5 ml/½ žličice sode bikarbone (soda bikarbona)

10 ml/2 žličice naribane narančine korice

1 jaje

5 ml/1 žličica zlatnog (svijetlog kukuruznog) sirupa

120 ml/4 fl oz/½ šalice toplog mlijeka

Nekoliko kapi esencije naranče (ekstrakt)

Ulje za podmazivanje

Pomiješajte suhe sastojke i narančinu koricu i napravite udubinu u sredini. Umutite jaje sa sirupom, mlijekom i esencijom naranče i umiješajte u smjesu brašna dok ne dobijete vrlo gustu smjesu. Pokrijte i ostavite stajati oko 15 minuta dok smjesa ne zapuhiri. Zagrijte veliku tavu ili tešku tavu (tavu) i lagano je namastite. Stavite male žlice tijesta na rešetku i pecite jednu stranu oko 3 minute dok donja strana ne postane zlatna, zatim okrenite i pecite drugu stranu oko 2 minute. Zamotajte palačinke u toplu kuhinjsku krpu (krpu za suđe) dok pečete ostatak. Poslužite svježe i namazano maslacem, prepečeno ili prženo (pirjano).

Pjevanje Hinny

Čini 12

225 g/8 oz/2 šalice glatkog (višenamjenskog) brašna

2,5 ml/½ žličice soli

2,5 ml/½ žličice praška za pecivo

50 g/2 oz/¼ šalice svinjske masti (maslina)

50 g/2 oz/¼ šalice maslaca ili margarina

100 g/4 oz/2/3 šalice ribiza

120 ml/4 fl oz/½ šalice mlijeka

Ulje za podmazivanje

Pomiješajte suhe sastojke, zatim utrljajte mast i maslac ili margarin dok smjesa ne bude poput krušnih mrvica. Umiješajte ribizle i napravite udubinu u sredini. Umiješajte toliko mlijeka da dobijete čvrsto tijesto. Razvaljajte na lagano pobrašnjenoj površini na oko 1 cm/½ debljine i izbodite vrh vilicom. Zagrijte rešetku ili tavu (tavu) i lagano je namastite. Kolač pecite oko 5 minuta dok donja strana ne porumeni, zatim okrenite i pecite drugu stranu oko 4 minute. Poslužite razdvojeno i namazano maslacem.

velški kolači

Služi 4

225 g/8 oz/2 šalice glatkog (višenamjenskog) brašna

5 ml/1 žličica praška za pecivo

2,5 ml/½ žličice mljevene mješavine začina (pita od jabuka).

50 g/2 oz/¼ šalice maslaca ili margarina

50 g/2 oz/¼ šalice svinjske masti (maslina)

75 g/3 oz/1/3 šalice sitnog (superfinog) šećera

50 g/2 oz/1/3 šalice ribiza

1 jaje, tučeno

30–45 ml/2–3 žlice mlijeka

U zdjeli pomiješajte brašno, prašak za pecivo i začine. Utrljajte maslac ili margarin i mast dok smjesa ne podsjeća na krušne mrvice. Umiješajte šećer i ribizle. Umiješajte jaje i dovoljno mlijeka da dobijete čvrsto tijesto. Razvaljajte na pobrašnjenoj dasci na 5 mm/¼ debljine i izrežite na krugove veličine 7,5 cm/3. Pecite na podmazanoj ringli oko 4 minute sa svake strane dok ne porumene.

velške palačinke

Čini 12

175 g/6 oz/1½ šalice glatkog (višenamjenskog) brašna

2,5 ml/½ žličice kreme od zubnog kamenca

2,5 ml/½ žličice sode bikarbone (soda bikarbona)

50 g/2 oz/¼ šalice sitnog (superfinog) šećera

25 g/1 oz/2 žlice maslaca ili margarina

1 jaje, tučeno

120 ml/4 fl oz/½ šalice mlijeka

2,5 ml/½ žličice octa

Ulje za podmazivanje

Pomiješajte suhe sastojke i umiješajte šećer. Utrljajte maslac ili margarin i napravite udubinu u sredini. Umiješajte jaje i mlijeko tek toliko da dobijete rijetku smjesu. Umiješajte ocat. Zagrijte rešetku ili tavu (tavu) i lagano je namastite. U tavu stavljajte velike žlice tijesta i pržite (pirjajte) oko 3 minute dok donja strana ne porumeni. Okrenite i pecite drugu stranu oko 2 minute. Poslužite vruće i namazano maslacem.

Meksički začinjeni kukuruzni kruh

Dobije se 8 kiflica

225 g/8 oz/2 šalice samodizajućeg (samodizajućeg) brašna

5 ml/1 žličica čilija u prahu

2,5 ml/½ žličice sode bikarbone (soda bikarbona)

200 g/7 oz/1 mala konzerva slatkog kukuruza (kukuruz)

15 ml/1 žlica curry paste

250 ml/8 tečnih oz/1 šalica običnog jogurta

Ulje za plitko prženje

Pomiješajte brašno, čili u prahu i sodu bikarbonu. Umiješajte preostale sastojke osim ulja i zamijesite mekano tijesto. Izbacite na lagano pobrašnjenu površinu i nježno mijesite dok ne postane glatko. Izrežite na osam dijelova i svaki utapkajte u krug od 13 cm/5 u. Zagrijte ulje u jakoj tavi (tavi) i pržite (pirjajte) kukuruzne kruhove 2 minute sa svake strane dok ne porumene i lagano napuhnu.

Švedski somun

Čini 4

225 g/8 oz/2 šalice integralnog (cjelovitog) brašna

225 g/8 oz/2 šalice raženog ili ječmenog brašna

5 ml/1 žličica soli

Oko 250 ml/8 tečnih oz/1 šalica mlake vode

Ulje za podmazivanje

Pomiješajte brašno i sol u zdjeli, pa postupno umiješajte u vodu dok ne dobijete čvrsto tijesto. Možda će vam trebati malo više ili manje vode, ovisno o brašnu koje koristite. Dobro tucite dok smjesa ne napusti stijenke zdjele, zatim je okrenite na lagano pobrašnjenu površinu i mijesite 5 minuta. Tijesto podijelite na četiri dijela i razvaljajte na tanko 20 cm/8 krugova. Zagrijte ringlu ili veću tavu (tavu) i lagano nauljite. Pržite (pirjajte) jedan ili dva kruha odjednom oko 15 minuta sa svake strane dok ne porumene.

Kruh od raži i kukuruza šećerca kuhan na pari

Čini jednu štrucu od 23 cm/9

175 g/6 oz/1½ šalice raženog brašna

175 g/6 oz/1½ šalice integralnog (cjelovitog) brašna

100 g/4 oz/1 šalica zobenih pahuljica

10 ml/2 žličice sode bikarbone (soda bikarbona)

5 ml/1 žličica soli

450 ml/¾ pt/2 šalice mlijeka

175 g/6 oz/½ šalice crnog melase (melase)

10 ml/2 žličice soka od limuna

Pomiješajte brašno, zobene pahuljice, sodu bikarbonu i sol. Zagrijte mlijeko, melasu i limunov sok dok ne budu mlaki, a zatim umiješajte u suhe sastojke. Žlicom stavite u podmazanu zdjelu za puding veličine 23 cm/9 cm i prekrijte nabranom folijom. Stavite u veliku posudu i napunite dovoljno vruće vode da dođe do polovice stijenki posude. Poklopite i kuhajte 3 sata, po potrebi dolijevajući kipuću vodu. Ostavite preko noći prije posluživanja.

Kruh od kukuruza šećerca kuhan na pari

Napravi dvije štruce od 450 g/1 lb

175 g/6 oz/1½ šalice glatkog (višenamjenskog) brašna

225 g/8 oz/2 šalice kukuruznog brašna

15 ml/1 žlica praška za pecivo

Prstohvat soli

3 jaja

45 ml/3 žlice ulja

150 ml/¼ pt/2/3 šalice mlijeka

300 g/11 oz konzerviranog kukuruza šećerca (kukuruza), ocijeđenog i zgnječenog

Pomiješajte brašno, kukuruznu krupicu, prašak za pecivo i sol. Umutiti jaja, ulje i mlijeko, pa umiješati u suhe sastojke sa kukuruzom šećercem. Stavite žlicom u dva podmazana kalupa za kruh (tepsije) od 450 g/1 lb i stavite u veliku tavu napunjenu dovoljnom količinom kipuće vode da dostigne polovicu stijenki kalupa. Poklopite i kuhajte na laganoj vatri 2 sata, po potrebi dolijevajući kipuću vodu. Ostavite da se ohladi u kalupima prije nego što ih okrenete i narežete.

Chapatis od integralnog brašna

Čini 12

225 g/8 oz/2 šalice integralnog (cjelovitog) brašna

5 ml/1 žličica soli

150 ml/¼ pt/2/3 šalice vode

Pomiješajte brašno i sol u zdjeli, pa postupno umiješajte u vodu dok ne dobijete čvrsto tijesto. Podijelite na 12 i na pobrašnjenoj podlozi tanko razvaljajte. Namastite tešku tavu (tavu) ili rešetku i pržite (pirjajte) nekoliko chapatija odjednom na umjerenoj vatri dok ispod ne porumene. Okrenite i pecite drugu stranu dok lagano ne porumeni. Neka chapatiji budu topli dok pržite ostatak. Poslužite premazan maslacem s jedne strane, ako želite.

Puris od cjelovitog brašna

Čini 8

100 g/4 oz/1 šalica integralnog (cjelovitog) brašna

100 g/4 oz/1 šalica glatkog (višenamjenskog) brašna

2,5 ml/½ žličice soli

25 g/1 oz/2 žlice maslaca ili margarina, otopljenog

150 ml/¼ pt/2/3 šalice vode

Ulje za prženje u dubokom ulju

Pomiješajte brašno i sol i napravite udubinu u sredini. Ulijte maslac ili margarin. Postupno dodavati vodu, miješajući u čvrsto tijesto. Mijesite 5-10 minuta, zatim pokrijte vlažnom krpom i ostavite da odstoji 15 minuta.

Podijelite tijesto na osam i svaki razvaljajte u tanki krug 13 cm/5 u. Zagrijte ulje u velikoj tavi za prženje (tavi) i pržite (pirjajte) puri jedan ili dva dok ne napuhnu i postanu hrskavi i zlatni. Ocijediti na kuhinjskom papiru (papirnatim ručnicima).

Keksići od badema

Čini 24

100 g/4 oz/½ šalice maslaca ili margarina, omekšalog

50 g/2 oz/¼ šalice sitnog (superfinog) šećera

100 g/4 oz/1 šalica samodizajućeg (samodizajućeg) brašna

25 g/1 oz/¼ šalice mljevenih badema

Nekoliko kapi esencije badema (ekstrakt)

Miksajte maslac ili margarin i šećer dok ne postane svijetlo i pjenasto. Umiješajte brašno, mljevene bademe i esenciju badema u čvrstu smjesu. Oblikujte velike kuglice veličine oraha i složite ih dobro razmaknute na podmazan lim za pečenje (kolačiće), pa lagano pritisnite vilicom da se spljošte. Pecite kekse (kolačiće) u prethodno zagrijanoj pećnici na 180°C/350°F/plinska oznaka 4 15 minuta dok ne porumene.

Badem kovrče

Čini 30

100 g/4 oz/1 šalica narezanih badema u listićima

100 g/4 oz/½ šalice maslaca ili margarina

100 g/4 oz/½ šalice sitnog (superfinog) šećera

30 ml/2 žlice mlijeka

15–30 ml/1–2 žlice glatkog (višenamjenskog) brašna

Stavite bademe, maslac ili margarin, šećer i mlijeko u tavu sa 15 ml/1 žlica brašna. Lagano zagrijavajte, miješajući, dok se ne sjedini, dodajući preostalo brašno ako je potrebno da se smjesa drži zajedno. Stavite žličnjake dobro razdvojene na podmazan i pobrašnjen lim za pečenje (kolačiće) i pecite u prethodno zagrijanoj pećnici na 180°C/350°F/plin oznaka 4 8 minuta dok ne svijetlo smeđe. Ostavite da se ohlade na limu za pečenje oko 30 sekundi, a zatim ih oblikujte u kovrče oko drške drvene žlice. Ako postanu prehladni za oblikovanje, vratite ih u pećnicu na nekoliko sekundi da se ponovno zagriju prije oblikovanja ostatka.

Koluti badema

Čini 24

100 g/4 oz/½ šalice maslaca ili margarina, omekšalog

100 g/4 oz/½ šalice sitnog (superfinog) šećera

1 jaje, odvojeno

225 g/8 oz/2 šalice glatkog (višenamjenskog) brašna

5 ml/1 žličica praška za pecivo

5 ml/1 žličica naribane limunove korice

50 g/2 oz/½ šalice narezanih badema u listićima

Žestoki (superfini) šećer za posipanje

Miksajte maslac ili margarin i šećer dok ne postane svijetlo i pjenasto. Postupno umiješajte žumanjak, zatim dodajte brašno, prašak za pecivo i limunovu koricu, dovršavajući rukama dok se smjesa ne poveže. Razvaljajte na 5 mm/¼ debljine i izrežite krugove od 6 cm/2¼ rezačem za biskvite (kolačiće), zatim izrežite središte rezačem 2 cm/¾. Kekse dobro razmaknute u podmazan lim za pečenje (kolačiće) i izbodite vilicom. Pecite u prethodno zagrijanoj pećnici na 180°C/350°F/ plinska oznaka 4 10 minuta. Premažite bjelanjkom, pospite bademima i šećerom, pa vratite u pećnicu na još 5 minuta dok ne porumene.

Mediteranski bademi

Čini 24

2 jaja, odvojena

175 g/6 oz/1 šalica šećera u prahu (poslastičarskog), prosijanog

10 ml/2 žličice praška za pecivo

Naribana korica ½ limuna

Nekoliko kapi esencije vanilije (ekstrakt)

400 g/14 oz/3½ šalice mljevenih badema

Istucite žumanjke i jedan bjelanjak sa šećerom dok ne postanu blijedi i pjenasti. Umiješajte sve preostale sastojke i zamijesite čvrsti tijesto. Razvaljajte kuglice veličine oraha i slažite na podmazan lim za pečenje (kolačiće) lagano pritiskajući da se spljošte. Pecite u prethodno zagrijanoj pećnici na 180°C/350°F/plinska oznaka 4 15 minuta dok ne porumene i ne popucaju na površini.

Kolačići od badema i čokolade

Čini 24

50 g/2 oz/¼ šalice maslaca ili margarina, omekšalog

75 g/3 oz/1/3 šalice sitnog (superfinog) šećera

1 malo jaje, istučeno

100 g/4 oz/1 šalica glatkog (višenamjenskog) brašna

2,5 ml/½ žličice praška za pecivo

25 g/1 oz/¼ šalice mljevenih badema

25 g/1 oz/¼ šalice obične (poluslatke) čokolade, naribane

Miksajte maslac ili margarin i šećer dok ne postane svijetlo i pjenasto. Postupno umiješajte jaje, pa umiješajte preostale sastojke da dobijete prilično čvrsto tijesto. Ako je smjesa prevlažna dodajte još malo brašna. Zamotajte u prozirnu foliju (plastičnu foliju) i ohladite 30 minuta.

Razvaljajte tijesto u oblik cilindra i izrežite na ploške od 1 cm/½. Rasporedite, dobro razmaknute, na podmazan lim za pečenje (kolačiće) i pecite u prethodno zagrijanoj pećnici na 190°C/375°F/plinska oznaka 5 10 minuta.

Amiški keksi od voća i orašastih plodova

Čini 24

100 g/4 oz/½ šalice maslaca ili margarina, omekšalog

175 g/6 oz/¾ šalice sitnog (superfinog) šećera

1 jaje

75 ml/5 žlica mlijeka

75 g/3 oz/¼ šalice crnog melase (melase)

250 g/9 oz/2¼ šalice glatkog (višenamjenskog) brašna

10 ml/2 žličice praška za pecivo

15 ml/1 žlica mljevenog cimeta

10 ml/2 žličice sode bikarbone (soda bikarbona)

2,5 ml/½ žličice naribanog muškatnog oraščića

50 g/2 oz/½ šalice srednje velike zobene kaše

50 g/2 oz/1/3 šalice grožđica

25 g/1 oz/¼ šalice nasjeckanih miješanih orašastih plodova

Miksajte maslac ili margarin i šećer dok ne postane svijetlo i pjenasto. Postupno umiješajte jaje, zatim mlijeko i melasu. Umiješajte preostale sastojke i zamijesite čvrsto tijesto. Dodajte još malo mlijeka ako je smjesa pretvrda za rad ili još malo brašna ako je preljepljiva; tekstura će varirati ovisno o brašnu koje koristite. Razvaljajte tijesto na oko 5 mm/¼ debljine i izrežite krugove kalupom za kekse. Stavite na podmazan lim za pečenje (kolačiće) i pecite u prethodno zagrijanoj pećnici na 180°C/350°F/plinska oznaka 4 10 minuta dok ne porumene.

Keksi od anisa

Čini 16

175 g/6 oz/¾ šalice sitnog (superfinog) šećera

2 bjelanjka

1 jaje

100 g/4 oz/1 šalica glatkog (višenamjenskog) brašna

5 ml/1 žličica mljevenog anisa

Šećer, bjelanjke i jaje tucite 10 minuta. Postupno umiješajte brašno i umiješajte anis. Žlicom stavite smjesu u kalup za kruh (tepsiju) od 450 g/1 lb i pecite u prethodno zagrijanoj pećnici na 180°C/350°F/plinska oznaka 4 35 minuta dok ražnjić umetnut u sredinu ne izađe čist. Izvadite iz kalupa i narežite na ploške veličine 1 cm/½. Stavite kekse (kolačiće) sa strane na podmazan lim za pečenje (kolačiće) i vratite u pećnicu na dodatnih 10 minuta, okrećući ih na pola pečenja.

Kolačići od banane, zobi i soka od naranče

Čini 24

100 g/4 oz/½ šalice maslaca ili margarina, omekšalog

100 g/4 oz zrelih banana, zgnječenih

120 ml/4 fl oz/½ šalice soka od naranče

4 bjelanjka lagano istučena

10 ml/2 žličice esencije vanilije (ekstrakt)

5 ml/1 žličica sitno naribane narančine korice

225 g/8 oz/2 šalice valjane zobi

225 g/8 oz/2 šalice glatkog (višenamjenskog) brašna

5 ml/1 žličica sode bikarbone (soda bikarbona)

5 ml/1 žličica naribanog muškatnog oraščića

Prstohvat soli

Istucite maslac ili margarin dok ne omekšaju pa umiješajte banane i sok od naranče. Pomiješajte bjelanjke, aromu vanilije i koricu naranče, zatim umiješajte u smjesu od banana, a zatim i preostale sastojke. Stavite žličnjake na lim za pečenje (kolačiće) i pecite u prethodno zagrijanoj pećnici na 180°C/350°F/plinska oznaka 4 20 minuta dok ne porumene.

Osnovni keksi

Čini 40

100 g/4 oz/½ šalice maslaca ili margarina, omekšalog

100 g/4 oz/½ šalice sitnog (superfinog) šećera

1 jaje, tučeno

5 ml/1 žličica esencije vanilije (ekstrakt)

225 g/8 oz/2 šalice glatkog (višenamjenskog) brašna

Miksajte maslac ili margarin i šećer dok ne postane svijetlo i pjenasto. Postupno umiješajte jaje i asenciju vanilije, zatim dodajte brašno i zamijesite glatko tijesto. Razvaljajte u kuglu, zamotajte u clingfim (plastičnu foliju) i ohladite 1 sat.

Razvaljajte tijesto na 5 mm/¼ debljine i izrežite krugove kalupom za kekse. Složite u podmazan lim za pečenje (kolačiće) i pecite u prethodno zagrijanoj pećnici na 200°C/400°F/plinska oznaka 6 10 minuta dok ne porumene. Ostavite da se ohladi na limu 5 minuta prije nego što ga prebacite na rešetku da se dovrši hlađenje.

Hrskavi keksi od mekinja

Čini 16

100 g/4 oz/1 šalica integralnog (cjelovitog) brašna

100 g/4 oz/½ šalice mekog smeđeg šećera

25 g/1 oz/¼ šalice valjane zobi

25 g/1 oz/½ šalice mekinja

5 ml/1 žličica sode bikarbone (soda bikarbona)

5 ml/1 žličica mljevenog đumbira

100 g/4 oz/½ šalice maslaca ili margarina

15 ml/1 žlica zlatnog (svijetlog kukuruznog) sirupa

15 ml/1 žlica mlijeka

Pomiješajte suhe sastojke. Otopite maslac sa sirupom i mlijekom, pa umiješajte u suhe sastojke da dobijete čvrsto tijesto. Žlicama stavljajte smjesu za biskvit (kolačiće) na podmazan lim za pečenje (kolačiće) i pecite u prethodno zagrijanoj pećnici na 160°C/325°F/plinska oznaka 3 15 minuta dok ne porumene.

Keksi od mekinja sa sezamom

Čini 12

225 g/8 oz/2 šalice integralnog (cjelovitog) brašna

5 ml/1 žličica praška za pecivo

25 g/1 oz/½ šalice mekinja

Prstohvat soli

50 g/2 oz/¼ šalice maslaca ili margarina

45 ml/3 žlice mekog smeđeg šećera

45 ml/3 žlice sultanije (zlatne grožđice)

1 jaje, lagano tučeno

120 ml/4 fl oz/½ šalice mlijeka

45 ml/3 žlice sjemenki sezama

Pomiješajte brašno, prašak za pecivo, mekinje i sol, zatim utrljajte maslac ili margarin dok smjesa ne nalikuje krušnim mrvicama. Umiješajte šećer i sultaniju, zatim umiješajte jaje i dovoljno mlijeka da dobijete mekano, ali ne ljepljivo tijesto. Razvaljati na 1 cm/½ debljine i rezati kalupom za kekse. Stavite na podmazan lim za pečenje (kolačiće), premažite mlijekom i pospite sezamom. Pecite u prethodno zagrijanoj pećnici na 220°C/425°F/plinska oznaka 7 10 minuta dok ne porumene.

Rakijski keksi s kimom

Čini 30

25 g/1 oz/2 žlice maslaca ili margarina, omekšalog

75 g/3 oz/1/3 šalice mekog smeđeg šećera

½ jajeta

10 ml/2 žličice rakije

175 g/6 oz/1½ šalice glatkog (višenamjenskog) brašna

10 ml/2 žličice sjemenki kima

5 ml/1 žličica praška za pecivo

Prstohvat soli

Miksajte maslac ili margarin i šećer dok ne postane svijetlo i pjenasto. Postupno umiješajte jaje i rakiju pa umiješajte preostale sastojke i zamijesite čvrsti tijesto. Zamotajte u prozirnu foliju (plastičnu foliju) i ohladite 30 minuta.

Razvaljajte tijesto na lagano pobrašnjenoj površini na oko 3 mm/1/8 debljine i izrežite krugove kalupom za kekse. Stavite kekse na podmazan lim za pečenje (kolačiće) i pecite u prethodno zagrijanoj pećnici na 200°C/400°F/plinska oznaka 6 10 minuta.

Brandy Snaps

Čini 30

100 g/4 oz/½ šalice maslaca ili margarina

100 g/4 oz/1/3 šalice zlatnog (svijetlog kukuruznog) sirupa

100 g/4 oz/½ šalice demerara šećera

100 g/4 oz/1 šalica glatkog (višenamjenskog) brašna

5 ml/1 žličica mljevenog đumbira

5 ml/1 žličica soka od limuna

U tavi otopite maslac ili margarin, sirup i šećer. Ostavite da se malo ohladi pa umiješajte brašno i đumbir, pa limunov sok. Ubacite žličice smjese u razmaku od 10 cm/4 na podmazane limove za pečenje (kolačiće) i pecite u prethodno zagrijanoj pećnici na 180°C/350°F/plin oznaka 4 8 minuta dok ne porumene. Ostavite da se ohladi minutu, a zatim šnitu podignite s lima za pečenje i zarolajte oko namašćene drške drvene žlice. Skinite dršku žlice i ostavite da se ohladi na rešetki. Ako se šnicle previše stvrdnu prije nego što ih oblikujete, vratite ih u pećnicu na minutu da se ugriju i omekšaju.

Keksi s maslacem

Čini 24

100 g/4 oz/½ šalice maslaca ili margarina, omekšalog

50 g/2 oz/¼ šalice sitnog (superfinog) šećera

Naribana korica 1 limuna

150 g/5 oz/1¼ šalice samodizajućeg (samodizajućeg) brašna

Miksajte maslac ili margarin i šećer dok ne postane svijetlo i pjenasto. Razradite limunovu koricu, zatim umiješajte brašno u čvrstu smjesu. Oblikujte velike kuglice veličine oraha i složite ih dobro razmaknute na podmazan lim za pečenje (kolačiće), pa lagano pritisnite vilicom da se spljošte. Pecite kekse (kolačiće) u prethodno zagrijanoj pećnici na 180°C/350°F/plinska oznaka 4 15 minuta dok ne porumene.

Butterscotch keksi

Čini 40

100 g/4 oz/½ šalice maslaca ili margarina, omekšalog

100 g/4 oz/½ šalice tamnog mekanog smeđeg šećera

1 jaje, tučeno

1,5 ml/¼ žličice esencije vanilije (ekstrakt)

225 g/8 oz/2 šalice glatkog (višenamjenskog) brašna

7,5 ml/1½ žličice praška za pecivo

Prstohvat soli

Miksajte maslac ili margarin i šećer dok ne postane svijetlo i pjenasto. Postupno umiješajte jaje i asenciju vanilije. Umiješajte brašno, prašak za pecivo i sol. Tijesto oblikujte u tri valjka promjera oko 5 cm/2, umotajte u prozirnu foliju (plastičnu foliju) i ostavite na hladnom 4 sata ili preko noći.

Narežite na ploške debljine 3 mm/1/8 i rasporedite na nepodmazane limove za pečenje (kolačiće). Pecite kekse (kolačiće) u prethodno zagrijanoj pećnici na 190°C/375°F/plinska oznaka 5 10 minuta dok lagano ne porumene.

Karamel keksi

Čini 30

50 g/2 oz/¼ šalice maslaca ili margarina, omekšalog

50 g/2 oz/¼ šalice svinjske masti (maslina)

225 g/8 oz/1 šalica mekog smeđeg šećera

1 jaje, lagano tučeno

175 g/6 oz/1½ šalice glatkog (višenamjenskog) brašna

1,5 ml/¼ žličice sode bikarbone (soda bikarbona)

1,5 ml/¼ žličice kreme od zubnog kamenca

Prstohvat naribanog muškatnog oraščića

10 ml/2 žličice vode

2,5 ml/½ žličice esencije vanilije (ekstrakt)

Pomiješajte maslac ili margarin, mast i šećer dok ne postane svijetlo i pjenasto. Postupno umiješajte jaje. Umiješajte brašno, sodu bikarbonu, tartar kremu i muškatni oraščić, zatim dodajte vodu i aromu vanilije i zamijesite mekano tijesto. Zarolajte u oblik kobasice, zamotajte u prozirnu foliju (plastičnu foliju) i ohladite najmanje 30 minuta, po mogućnosti duže.

Tijesto narežite na ploške od 1 cm/½ i rasporedite u podmazan lim za pečenje (kolačiće). Pecite kekse (kolačiće) u prethodno zagrijanoj pećnici na 180°C/350°F/plinska oznaka 4 10 minuta dok ne porumene.

Kolačići od mrkve i oraha

Čini 48

175 g/6 oz/¾ šalice maslaca ili margarina, omekšalog

100 g/4 oz/½ šalice mekog smeđeg šećera

50 g/2 oz/¼ šalice sitnog (superfinog) šećera

1 jaje, lagano tučeno

225 g/8 oz/2 šalice glatkog (višenamjenskog) brašna

5 ml/1 žličica praška za pecivo

2,5 ml/½ žličice soli

100 g/4 oz/½ šalice pasirane kuhane mrkve

100 g/4 oz/1 šalica nasjeckanih oraha

Miksajte maslac ili margarin i šećer dok ne postane svijetlo i pjenasto. Postupno umiješajte jaje pa dodajte brašno, prašak za pecivo i sol. Umiješajte pasiranu mrkvu i orahe. Malim žličnicama stavljajte na podmazan lim za pečenje (kolačiće) i pecite u prethodno zagrijanoj pećnici na 200°C/400°F/plinska oznaka 6 10 minuta.

Keksi od mrkve i oraha s ledom od naranče

Čini 48

Za kekse (kolačiće):

175 g/6 oz/¾ šalice maslaca ili margarina, omekšalog

100 g/4 oz/½ šalice sitnog (superfinog) šećera

50 g/2 oz/¼ šalice mekog smeđeg šećera

1 jaje, lagano tučeno

225 g/8 oz/2 šalice glatkog (višenamjenskog) brašna

5 ml/1 žličica praška za pecivo

2,5 ml/½ žličice soli

5 ml/1 žličica esencije vanilije (ekstrakt)

100 g/4 oz/½ šalice pasirane kuhane mrkve

100 g/4 oz/1 šalica nasjeckanih oraha

Za glazuru (glazuru):

175 g/6 oz/1 šalica šećera u prahu (poslastičarskog), prosijanog

10 ml/2 žličice naribane narančine korice

30 ml/2 žlice soka od naranče

Za izradu biskvita, umutite maslac ili margarin i šećer dok ne postanu svijetli i pjenasti. Postupno umiješajte jaje pa dodajte brašno, prašak za pecivo i sol. Umiješajte aromu vanilije, pasiranu mrkvu i orahe. Male žličnjake stavljajte na podmazan lim za pečenje (kolačiće) i pecite u prethodno zagrijanoj pećnici na 200°C/400°F/plinska oznaka 6 10 minuta.

Za glazuru stavite šećer u prahu u zdjelu, umiješajte koricu naranče i napravite udubljenje u sredini. Postupno malo po malo dodajte sok od naranče dok ne dobijete glatku, ali prilično gustu glazuru. Premažite preko biskvita dok su još topli pa ostavite da se ohladi i stegne.

Keksi od višanja

Čini 48

100 g/4 oz/½ šalice maslaca ili margarina, omekšalog

100 g/4 oz/½ šalice sitnog (superfinog) šećera

1 jaje, tučeno

5 ml/1 žličica esencije vanilije (ekstrakt)

225 g/8 oz/2 šalice glatkog (višenamjenskog) brašna

50 g/2 oz/¼ šalice glacé (ušećerenih) trešanja, nasjeckanih

Miksajte maslac ili margarin i šećer dok ne postane svijetlo i pjenasto. Postupno umiješajte jaje i aromu vanilije, zatim dodajte brašno i višnje te zamijesite glatko tijesto. Razvaljajte u kuglu, zamotajte u clingfim (plastičnu foliju) i ohladite 1 sat.

Razvaljajte tijesto na 5 mm/¼ debljine i izrežite krugove kalupom za kekse. Složite u podmazan lim za pečenje (kolačiće) i pecite u prethodno zagrijanoj pećnici na 200°C/400°F/plinska oznaka 6 10 minuta dok ne porumene. Ostavite da se ohladi na limu 5 minuta prije nego što ga prebacite na rešetku da se dovrši hlađenje.

Koluti trešnje i badema

Čini 24

100 g/4 oz/½ šalice maslaca ili margarina, omekšalog

100 g/4 oz/½ šalice sitnog (superfinog) šećera, plus dodatak za posipanje

1 jaje, odvojeno

225 g/8 oz/2 šalice glatkog (višenamjenskog) brašna

5 ml/1 žličica praška za pecivo

5 ml/1 žličica naribane limunove korice

60 ml/4 žlice glacé (kandiranih) višanja

50 g/2 oz/½ šalice narezanih badema u listićima

Miksajte maslac ili margarin i šećer dok ne postane svijetlo i pjenasto. Postupno umiješajte žumanjak pa umiješajte brašno, prašak za pecivo, limunovu koricu i višnje, dovršavajući rukama dok se smjesa ne poveže. Razvaljajte na 5 mm/¼ debljine i izrežite krugove od 6 cm/2¼ u kalupu za biskvit (kolačiće), a zatim izrežite središte izrezivačem od 2 cm/¾. Kekse dobro razmaknute u podmazan lim za pečenje (kolačiće) i izbodite vilicom. Pecite u prethodno zagrijanoj pećnici na 180°C/350°F/plinska oznaka 4 10 minuta. Premažite bjelanjkom i pospite bademima i šećerom pa vratite u pećnicu na još 5 minuta dok ne poprimi blijedo zlatnu boju.

Čokoladni keksi s maslacem

Čini 24

100 g/4 oz/½ šalice maslaca ili margarina

50 g/2 oz/¼ šalice sitnog (superfinog) šećera

100 g/4 oz/1 šalica samodizajućeg (samodizajućeg) brašna

30 ml/2 žlice kakaa (nezaslađene čokolade) u prahu

Miksajte maslac ili margarin i šećer dok ne postane svijetlo i pjenasto. Umiješajte brašno i kakao u čvrstu smjesu. Oblikujte velike kuglice veličine oraha i složite ih dobro razmaknute na podmazan lim za pečenje (kolačiće), pa lagano pritisnite vilicom da se spljošte. Pecite kekse (kolačiće) u prethodno zagrijanoj pećnici na 180°C/350°F/plinska oznaka 4 15 minuta dok ne porumene.

Rolice od čokolade i višanja

Čini 24

100 g/4 oz/½ šalice maslaca ili margarina, omekšalog

100 g/4 oz/½ šalice sitnog (superfinog) šećera

1 jaje

2,5 ml/½ žličice esencije vanilije (ekstrakt)

225 g/8 oz/2 šalice glatkog (višenamjenskog) brašna

5 ml/1 žličica praška za pecivo

Prstohvat soli

25 g/1 oz/¼ šalice kakaa (nezaslađene čokolade) u prahu

25 g/1 oz/2 žlice glacé (kandiranih) trešanja, nasjeckanih

Miksajte maslac i šećer dok ne postane svijetlo i pjenasto. Postupno umiješajte jaje i aromu vanilije, zatim umiješajte brašno, prašak za pecivo i sol da dobijete čvrsto tijesto. Tijesto podijelite na pola i u jednu polovicu umiješajte kakao, a u drugu polovicu višnje. Zamotajte u prozirnu foliju (plastičnu foliju) i ohladite 30 minuta.

Svaki komad tijesta razvaljajte u pravokutnik debljine oko 3 mm/1/8, zatim stavite jedan na drugi i nježno pritisnite valjkom za tijesto. Zarolajte s najduže strane i lagano stisnite. Narežite na ploške debljine 1 cm/½ i rasporedite, dobro razmaknute, na podmazan lim za pečenje (kolačiće). Pecite u prethodno zagrijanoj pećnici na 200°C/400°F/plinska oznaka 6 10 minuta.

Čokoladni keksi

Čini 24

75 g/3 oz/1/3 šalice maslaca ili margarina

175 g/6 oz/1½ šalice glatkog (višenamjenskog) brašna

5 ml/1 žličica praška za pecivo

Prstohvat sode bikarbone (soda bikarbona)

50 g/2 oz/¼ šalice mekog smeđeg šećera

45 ml/3 žlice zlatnog (svijetlog kukuruznog) sirupa

100 g/4 oz/1 šalica komadića čokolade

Maslac ili margarin utrljajte u brašno, prašak za pecivo i sodu bikarbonu dok smjesa ne bude poput krušnih mrvica. Umiješajte šećer, sirup i komadiće čokolade i zamijesite glatko tijesto. Oblikujte male loptice i slažite na podmazan lim za pečenje (kolačiće), lagano pritiskajući da se spljošti. Pecite kekse (kolačiće) u prethodno zagrijanoj pećnici na 190°C/375°F/plinska oznaka 5 15 minuta dok ne porumene.

Kolačići od čokolade i banane

Čini 24

75 g/3 oz/1/3 šalice maslaca ili margarina

175 g/6 oz/1½ šalice glatkog (višenamjenskog) brašna

5 ml/1 žličica praška za pecivo

2,5 ml/½ žličice sode bikarbone (soda bikarbona)

50 g/2 oz/¼ šalice mekog smeđeg šećera

45 ml/3 žlice zlatnog (svijetlog kukuruznog) sirupa

50 g/2 oz/½ šalice komadića čokolade

50 g/2 oz/½ šalice osušenog čipsa od banane, grubo nasjeckanog

Maslac ili margarin utrljajte u brašno, prašak za pecivo i sodu bikarbonu dok smjesa ne bude poput krušnih mrvica. Umiješajte šećer, sirup i čips od čokolade i banane i zamijesite glatko tijesto. Oblikujte male loptice i slažite na podmazan lim za pečenje (kolačiće), lagano pritiskajući da se spljošti. Pecite kekse (kolačiće) u prethodno zagrijanoj pećnici na 190°C/375°F/plinska oznaka 5 15 minuta dok ne porumene.

Zalogaji čokolade i oraha

Čini 24

50 g/2 oz/¼ šalice maslaca ili margarina, omekšalog

175 g/6 oz/¾ šalice sitnog (superfinog) šećera

1 jaje

5 ml/1 žličica esencije vanilije (ekstrakt)

25 g/1 oz/¼ šalice obične (poluslatke) čokolade, otopljene

100 g/4 oz/1 šalica glatkog (višenamjenskog) brašna

5 ml/1 žličica praška za pecivo

Prstohvat soli

30 ml/2 žlice mlijeka

25 g/1 oz/¼ šalice nasjeckanih miješanih orašastih plodova

Šećer u prahu (slastičarski), prosijani, za posipanje

Miksajte maslac ili margarin i šećer dok ne postane svijetlo i pjenasto. Postupno umiješajte jaje i aromu vanilije pa umiješajte čokoladu. Pomiješajte brašno, prašak za pecivo i sol pa umiješajte u smjesu naizmjenično s mlijekom. Umiješajte orašaste plodove, pokrijte i ohladite 3 sata.

Smjesu razvaljajte u kuglice veličine 3 cm/1½ i uvaljajte u šećer u prahu. Rasporedite na lagano podmazan lim za pečenje (kolačiće) i pecite u prethodno zagrijanoj pećnici na 180°C/350°F/plin oznaka 4 15 minuta dok lagano ne porumene. Poslužite posipano šećerom u prahu.

Američki kolačići s komadićima čokolade

Čini 20

225 g/8 oz/1 šalica svinjske masti (maslina)

225 g/8 oz/1 šalica mekog smeđeg šećera

100 g/4 oz/½ šalice granuliranog šećera

5 ml/1 žličica esencije vanilije (ekstrakt)

2 jaja, lagano tučena

175 g/6 oz/1½ šalice glatkog (višenamjenskog) brašna

5 ml/1 žličica soli

5 ml/1 žličica sode bikarbone (soda bikarbona)

225 g/8 oz/2 šalice valjane zobi

350 g/12 oz/3 šalice komadića čokolade

Miješajte mast, šećere i aromu vanilije dok ne postanu svijetli i pahuljasti. Postupno umiješajte jaja. Umiješajte brašno, sol, sodu bikarbonu i zobene pahuljice pa umiješajte komadiće čokolade. Žlicama stavljajte smjesu na podmazane limove za pečenje (kolačiće) i pecite u prethodno zagrijanoj pećnici na 180°C/350°F/plin oznaka 4 oko 10 minuta dok ne porumene.

Čokoladne kreme

Čini 24

175 g/6 oz/¾ šalice maslaca ili margarina, omekšalog

175 g/6 oz/¾ šalice sitnog (superfinog) šećera

225 g/8 oz/2 šalice samodizajućeg (samodizajućeg) brašna

75 g/3 oz/¾ šalice sušenog (naribanog) kokosa

100 g/4 oz/4 šalice kukuruznih pahuljica, zdrobljenih

25 g/1 oz/¼ šalice kakaa (nezaslađene čokolade) u prahu

60 ml/4 žlice kipuće vode

100 g/4 oz/1 šalica obične (poluslatke) čokolade

Pjenasto izmiješajte maslac ili margarin i šećer pa umiješajte brašno, kokos i kukuruzne pahuljice. Pomiješajte kakao s kipućom vodom, pa umiješajte u smjesu. Uvaljati u kuglice veličine 2,5 cm/1, redati u podmazan lim za pečenje (kolačiće) i lagano pritisnuti vilicom da se spljošti. Pecite u prethodno zagrijanoj pećnici na 180°C/350°F/plinska oznaka 4 15 minuta dok ne porumene.

Otopite čokoladu u zdjeli otpornoj na toplinu iznad posude s vodom koja lagano ključa. Premazati po vrhu polovice biskvita (kolačića) i pritisnuti drugu polovicu na vrh. Ostaviti da se ohladi.

Kolačići od čokolade i lješnjaka

Čini 16

200 g/7 oz/malo 1 šalica maslaca ili margarina, omekšalog

50 g/2 oz/¼ šalice sitnog (superfinog) šećera

100 g/4 oz/½ šalice mekog smeđeg šećera

10 ml/2 žličice esencije vanilije (ekstrakt)

1 jaje, tučeno

275 g/10 oz/2½ šalice glatkog (višenamjenskog) brašna

50 g/2 oz/½ šalice kakaa (nezaslađene čokolade) u prahu

5 ml/1 žličica praška za pecivo

75 g/3 oz/¾ šalice lješnjaka

225 g/8 oz/2 šalice bijele čokolade, nasjeckane

Miksajte maslac ili margarin, šećere i aromu vanilije dok ne postanu blijedi i pjenasti, zatim umiješajte jaje. Umiješajte brašno, kakao i prašak za pecivo. Umiješajte orahe i čokoladu dok se smjesa ne poveže. Oblikujte 16 loptica i ravnomjerno rasporedite po podmazanom i obloženom limu za pečenje (kolačiće), zatim lagano spljoštite stražnjom stranom žlice. Pecite u prethodno zagrijanoj pećnici na 160°C/325°F/plinska oznaka 3 oko 15 minuta dok se ne stegne, ali još uvijek malo mekano.

Keksi od čokolade i muškatnog oraščića

Čini 24

50 g/2 oz/¼ šalice maslaca ili margarina, omekšalog

100 g/4 oz/½ šalice sitnog (superfinog) šećera

15 ml/1 žlica kakaa (nezaslađene čokolade) u prahu

1 žumanjak

2,5 ml/½ žličice esencije vanilije (ekstrakt)

150 g/5 oz/1¼ šalice glatkog (višenamjenskog) brašna

5 ml/1 žličica praška za pecivo

Prstohvat naribanog muškatnog oraščića

60 ml/4 žlice kiselog (mliječnog) vrhnja

Miksajte maslac ili margarin i šećer dok ne postane svijetlo i pjenasto. Umiješajte kakao. Istucite žumanjak i aromu vanilije pa umiješajte brašno, prašak za pecivo i muškatni oraščić. Umiješajte vrhnje dok ne postane glatko. Pokrijte i ohladite.

Razvaljajte tijesto na 5 mm/¼ debljine i izrežite rezačem od 5 cm/2. Stavite kekse (kolačiće) na nepodmazan lim za pečenje (kolačiće) i pecite u prethodno zagrijanoj pećnici na 200°C/400°F/plin oznaka 6 10 minuta dok ne porumene.

Keksići preliveni čokoladom

Čini 16

175 g/6 oz/¾ šalice maslaca ili margarina, omekšalog

75 g/3 oz/1/3 šalice sitnog (superfinog) šećera

175 g/6 oz/1½ šalice glatkog (višenamjenskog) brašna

50 g/2 oz/½ šalice mljevene riže

75 g/3 oz/¾ šalice komadića čokolade

100 g/4 oz/1 šalica obične (poluslatke) čokolade

Miksajte maslac ili margarin i šećer dok ne postane svijetlo i pjenasto. Umiješajte brašno i mljevenu rižu pa umiješajte komadiće čokolade. Utisnite u podmazan kalup za švicarske rolade (tepsiju za žele rolade) i izbockajte vilicom. Pecite u prethodno zagrijanoj pećnici na 160°C/325°F/plinska oznaka 3 30 minuta dok ne porumene. Razrezati na prste dok je još toplo pa ostaviti da se potpuno ohladi.

Otopite čokoladu u zdjeli otpornoj na toplinu iznad posude s vodom koja lagano ključa. Premažite preko biskvita (kolačića) i ostavite da se ohladi i stegne prije rezanja na prste. Čuvati u hermetički zatvorenoj posudi.

Sendvič keksi s kavom i čokoladom

Čini 40

Za kekse (kolačiće):

175 g/6 oz/¾ šalice maslaca ili margarina

25 g/1 oz/2 žlice svinjske masti (maslina)

450 g/1 lb/4 šalice glatkog (višenamjenskog) brašna

Prstohvat soli

100 g/4 oz/½ šalice mekog smeđeg šećera

5 ml/1 žličica sode bikarbone (soda bikarbona)

60 ml/4 žlice jake crne kave

5 ml/1 žličica esencije vanilije (ekstrakt)

100 g/4 oz/1/3 šalice zlatnog (svijetlog kukuruznog) sirupa

Za nadjev:

10 ml/2 žličice instant kave u prahu

10 ml/2 žličice kipuće vode

50 g/2 oz/¼ šalice sitnog (superfinog) šećera

25 g/1 oz/2 žlice maslaca ili margarina

15 ml/1 žlica mlijeka

Za izradu biskvita utrljajte maslac ili margarin i mast u brašno i sol dok smjesa ne nalikuje krušnim mrvicama, zatim umiješajte smeđi šećer. Pomiješajte sodu bikarbonu s malo kave, zatim umiješajte u smjesu s preostalom kavom, esencijom vanilije i sirupom te miješajte dok ne dobijete glatko tijesto. Stavite u lagano nauljenu zdjelu, prekrijte prozirnom folijom (plastičnom folijom) i ostavite preko noći.

Razvaljajte tijesto na lagano pobrašnjenoj površini na oko 1 cm/½ debljine i izrežite na pravokutnike 2 x 7,5 cm/¾ x 3. Svaku zabodite vilicom kako biste napravili izbrazdani uzorak. Prebacite u podmazan lim za pečenje (kolačiće) i pecite u prethodno zagrijanoj pećnici na 200°C/400°F/plinska oznaka 6 10 minuta dok ne porumene. Ohladite na rešetki.

Da biste napravili nadjev, otopite kavu u prahu u kipućoj vodi u maloj posudi, zatim umiješajte preostale sastojke i pustite da zavrije. Kuhajte 2 minute, zatim maknite s vatre i tucite dok ne postane gusto i ohladite. Sendvič pare keksa zajedno sa nadjevom.

Božićni keksići

Čini 24

100 g/4 oz/½ šalice maslaca ili margarina, omekšalog

100 g/4 oz/½ šalice sitnog (superfinog) šećera

225 g/8 oz/2 šalice glatkog (višenamjenskog) brašna

Prstohvat soli

5 ml/1 žličica mljevenog cimeta

1 žumanjak

10 ml/2 žličice hladne vode

Nekoliko kapi esencije vanilije (ekstrakt)

Za glazuru (glazuru):
225 g/8 oz/11/3 šalice šećera u prahu (poslastičarskog), prosijanog

30 ml/2 žlice vode

Boja za hranu (po izboru)

Miksajte maslac i šećer dok ne postane svijetlo i pjenasto. Umiješajte brašno, sol i cimet, zatim umiješajte žumanjak, vodu i aromu vanilije te zamijesite čvrsto tijesto. Zamotajte u clingfim (plastičnu foliju) i ohladite 30 minuta.

Razvaljajte tijesto na 5 mm/¼ debljine i izrežite božićne oblike kalupima za kekse ili oštrim nožem. Probušite rupu na vrhu svakog keksa ako ga želite objesiti na drvo. Stavite oblike na podmazan lim za pečenje (kolačiće) i pecite u prethodno zagrijanoj pećnici na 200°C/400°F/plin oznaka 6 10 minuta dok ne porumene. Ostaviti da se ohladi.

Da biste napravili glazuru, postupno umiješajte vodu u šećer u prahu dok ne dobijete prilično gustu glazuru. Obojite male količine u različite boje, ako želite. Nanesite šare na kekse i ostavite da se stegne. Provucite omču od vrpce ili konca kroz rupu da objesite.

Kokos keksi

Čini 32

50 g/2 oz/3 žlice zlatnog (svijetlog kukuruznog) sirupa

150 g/5 oz/2/3 šalice maslaca ili margarina

100 g/4 oz/½ šalice sitnog (superfinog) šećera

100 g/4 oz/1 šalica glatkog (višenamjenskog) brašna

75 g/3 oz/¾ šalice valjane zobi

50 g/2 oz/½ šalice osušenog (naribanog) kokosa

10 ml/2 žličice sode bikarbone (soda bikarbona)

15 ml/1 žlica vruće vode

Otopite sirup, maslac ili margarin i šećer. Umiješajte brašno, zob i sušeni kokos. Pomiješajte sodu bikarbonu s vrućom vodom, pa umiješajte u ostale sastojke. Smjesu ostaviti da se malo ohladi pa podijeliti na 32 dijela i svaki razvaljati u kuglu. Kekse (kolačiće) spljoštiti i redati na podmazane limove za pečenje (kolačiće). Pecite u prethodno zagrijanoj pećnici na 160°C/325°F/plinska oznaka 3 20 minuta dok ne porumene.

Kukuruzni keksi s voćnom kremom

Čini 12

150 g/5 oz/1¼ šalice integralnog (cjelovitog) brašna

150 g/5 oz/1¼ šalice kukuruznog brašna

10 ml/2 žličice praška za pecivo

Prstohvat soli

225 g/8 oz/1 šalica običnog jogurta

75 g/3 oz/¼ šalice bistrog meda

2 jaja

45 ml/3 žlice ulja

Za voćnu kremu:

150 g/5 oz/2/3 šalice maslaca ili margarina, omekšalog

Sok od 1 limuna

Nekoliko kapi esencije vanilije (ekstrakt)

30 ml/2 žlice sitnog (superfinog) šećera

225 g/8 oz jagoda

Pomiješajte brašno, kukuruznu krupicu, prašak za pecivo i sol. Jogurt, med, jaja i ulje umiješajte u glatko tijesto. Razvaljajte na lagano pobrašnjenoj površini na oko 1 cm/½ debljine i izrežite velike krugove. Stavite na podmazan lim za pečenje (kolačiće) i pecite u prethodno zagrijanoj pećnici na 200°C/400°F/plinska oznaka 6 15 minuta dok ne porumene.

Za izradu voćne kreme izmiksajte maslac ili margarin, limunov sok, aromu vanilije i šećer. Ostavite nekoliko jagoda za ukras, a ostatak pasirajte i propasirajte kroz sito (cijedilo) ako više volite kremu bez sjemenki (koštica). Umiješajte u smjesu maslaca, a zatim ohladite. Prije posluživanja na svaki biskvit nanesite ružicu od kreme žlicom ili lulom.

Cornish keksi

Čini 20

225 g/8 oz/2 šalice samodizajućeg (samodizajućeg) brašna

Prstohvat soli

100 g/4 oz/½ šalice maslaca ili margarina

175 g/6 oz/2/3 šalice sitnog (superfinog) šećera

1 jaje

Šećer u prahu (slastičarski), prosijani, za posipanje

Pomiješajte brašno i sol u zdjeli, zatim utrljajte maslac ili margarin dok smjesa ne podsjeća na krušne mrvice. Umiješajte šećer. Umiješajte jaje i zamijesite mekano tijesto. Tanko razvaljajte na lagano pobrašnjenoj površini, pa izrežite na krugove.

Stavite na podmazan lim za pečenje (kolačiće) i pecite u prethodno zagrijanoj pećnici na 200°C/400°F/plinska oznaka 6 oko 10 minuta dok ne porumene.

Keksi od cjelovitog brašna od ribiza

Čini 36

100 g/4 oz/½ šalice maslaca ili margarina, omekšalog

50 g/2 oz/¼ šalice demerara šećera

2 jaja, odvojena

100 g/4 oz/2/3 šalice ribiza

225 g/8 oz/2 šalice integralnog (cjelovitog) brašna

100 g/4 oz/1 šalica glatkog (višenamjenskog) brašna

5 ml/1 žličica mljevene mješavine začina (pita od jabuka).

150 ml/¼ pt/2/3 šalice mlijeka, plus dodatak za četkanje

Pomiješajte maslac ili margarin i šećer dok ne postane svijetlo i pjenasto. Istucite žumanjke pa umiješajte ribizle. Pomiješajte brašno i začine te umiješajte u smjesu s mlijekom. Umutiti bjelanjke dok ne postanu mekani snijeg, pa ih umiješati u smjesu da se dobije mekano tijesto. Razvaljajte tijesto na lagano pobrašnjenoj površini, zatim izrežite kalupom za biskvit (kolačiće) od 5 cm/2. Stavite na podmazan lim za pečenje (kolačiće) i namažite mlijekom. Pecite u prethodno zagrijanoj pećnici na 180°C/350°F/plinska oznaka 4 20 minuta dok ne porumene.

Sendvič keksi s datuljama

Čini 30

225 g/8 oz/1 šalica maslaca ili margarina, omekšalog

450 g/1 lb/2 šalice mekog smeđeg šećera

225 g/8 oz/2 šalice zobenih pahuljica

225 g/8 oz/2 šalice glatkog (višenamjenskog) brašna

2,5 ml/½ žličice sode bikarbone (soda bikarbona)

Prstohvat soli

120 ml/4 fl oz/½ šalice mlijeka

225 g/8 oz/2 šalice datulja bez koštica, vrlo sitno nasjeckanih

250 ml/8 tečnih oz/1 šalica vode

Miksajte maslac ili margarin i pola šećera dok ne postane svijetlo i pjenasto. Pomiješajte suhe sastojke i dodajte u kremu naizmjenično s mlijekom dok ne dobijete čvrsto tijesto. Razvaljajte na malo pobrašnjenoj dasci i kalupom za biskvit (kolačiće) izrežite krugove. Stavite na podmazan lim za pečenje (kolačiće) i pecite u prethodno zagrijanoj pećnici na 180°C/350°F/plinska oznaka 4 10 minuta dok ne porumene.

Sve preostale sastojke stavite u tavu i zakuhajte. Smanjite vatru i kuhajte 20 minuta dok se ne zgusne uz povremeno miješanje. Ostaviti da se ohladi. Kekse zajedno s nadjevom složiti u sendvič.

Digestivni keksi (Graham krekeri)

Čini 24

175 g/6 oz/1½ šalice integralnog (cjelovitog) brašna

50 g/2 oz/½ šalice glatkog (višenamjenskog) brašna

50 g/2 oz/½ šalice srednje velike zobene kaše

2,5 ml/½ žličice soli

5 ml/1 žličica praška za pecivo

100 g/4 oz/½ šalice maslaca ili margarina

30 ml/2 žlice mekog smeđeg šećera

60 ml/4 žlice mlijeka

Pomiješajte brašno, zobene pahuljice, sol i prašak za pecivo pa utrljajte maslac ili margarin i umiješajte šećer. Postupno dodajte mlijeko i umijesite mekano tijesto. Dobro mijesite dok više ne bude ljepljivo. Razvaljajte na 5 mm/¼ debljine i izrežite kalupom za kekse na krugove od 5 cm/2. Stavite na podmazan lim za pečenje (kolačiće) i pecite u prethodno zagrijanoj pećnici na 180°C/350°F/plinska oznaka 4 oko 15 minuta.

Uskrsni keksi

Čini 20

75 g/3 oz/1/3 šalice maslaca ili margarina, omekšalog

100 g/4 oz/½ šalice sitnog (superfinog) šećera

1 žumanjak

150 g/6 oz/1½ šalice samodizajućeg (samodizajućeg) brašna

5 ml/1 žličica mljevene mješavine začina (pita od jabuka).

15 ml/1 žlica nasjeckane miješane (ušećerene) kore

50 g/2 oz/1/3 šalice ribiza

15 ml/1 žlica mlijeka

Žestoki (superfini) šećer za posipanje

Pjenasto izradite maslac ili margarin i šećer. Umutiti žumanjak pa umiješati brašno i pomiješane začine. Umiješajte koru i ribizle s toliko mlijeka da dobijete čvrsto tijesto. Razvaljajte na oko 5 mm/¼ debljine i izrežite kalupom za kekse na krugove veličine 5 cm/2. Stavite kekse na podmazan lim za pečenje (kolačiće) i izbodite vilicom. Pecite u prethodno zagrijanoj pećnici na 180°C/350°F/plinska oznaka 4 oko 20 minuta dok ne porumene. Posuti šećerom.

Firentinci

Čini 40

100 g/4 oz/½ šalice maslaca ili margarina

100 g/4 oz/½ šalice sitnog (superfinog) šećera

15 ml/1 žlica duplog (gustog) vrhnja

100 g/4 oz/1 šalica nasjeckanih miješanih orašastih plodova

75 g/3 oz/½ šalice sultanije (zlatne grožđice)

50 g/2 oz/¼ šalice glacé (ušećerenih) višanja

U tavi na laganoj vatri otopite maslac ili margarin, šećer i vrhnje. Maknite s vatre i umiješajte orahe, sultanije i glacé višnje. Stavite pune žličice, dobro razdvojene, na podmazane limove za pečenje (kolačiće) obložene rižinim papirom. Pecite u prethodno zagrijanoj pećnici na 180°C/350°F/plinska oznaka 4 10 minuta. Ostavite da se ohladi na listovima 5 minuta, zatim premjestite na rešetku da se završi hlađenje, odrežući višak rižinog papira.

Čokoladni firentinci

Čini 40

100 g/4 oz/½ šalice maslaca ili margarina

100 g/4 oz/½ šalice sitnog (superfinog) šećera

15 ml/1 žlica duplog (gustog) vrhnja

100 g/4 oz/1 šalica nasjeckanih miješanih orašastih plodova

75 g/3 oz/½ šalice sultanije (zlatne grožđice)

50 g/2 oz/¼ šalice glacé (ušećerenih) višanja

100 g/4 oz/1 šalica obične (poluslatke) čokolade

U tavi na laganoj vatri otopite maslac ili margarin, šećer i vrhnje. Maknite s vatre i umiješajte orahe, sultanije i glacé višnje. Stavite pune žličice, dobro razdvojene, na podmazane limove za pečenje (kolačiće) obložene rižinim papirom. Pecite u prethodno zagrijanoj pećnici na 180°C/350°F/plinska oznaka 4 10 minuta. Ostavite da se ohladi na listovima 5 minuta, zatim premjestite na rešetku da se završi hlađenje, odrežući višak rižinog papira.

Otopite čokoladu u zdjeli otpornoj na toplinu postavljenoj iznad posude s vodom koja lagano ključa. Premazati po vrhu biskvita (kolačića) i ostaviti da se ohladi i stegne.

Luksuzni čokoladni firentinci

Čini 40

100 g/4 oz/½ šalice maslaca ili margarina

100 g/4 oz/½ šalice mekog smeđeg šećera

15 ml/1 žlica duplog (gustog) vrhnja

50 g/2 oz/¼ šalice nasjeckanih badema

50 g/2 oz/¼ šalice nasjeckanih lješnjaka

75 g/3 oz/½ šalice sultanije (zlatne grožđice)

50 g/2 oz/¼ šalice glacé (ušećerenih) višanja

100 g/4 oz/1 šalica obične (poluslatke) čokolade

50 g/2 oz/½ šalice bijele čokolade

U tavi na laganoj vatri otopite maslac ili margarin, šećer i vrhnje. Maknite s vatre i umiješajte orahe, sultanije i glacé višnje. Stavite pune žličice, dobro razdvojene, na podmazane limove za pečenje (kolačiće) obložene rižinim papirom. Pecite u prethodno zagrijanoj pećnici na 180°C/350°F/plinska oznaka 4 10 minuta. Ostavite da se ohladi na listovima 5 minuta, zatim premjestite na rešetku da se završi hlađenje, odrežući višak rižinog papira.

Rastopite običnu čokoladu u zdjeli otpornoj na toplinu postavljenoj iznad posude s vodom koja lagano ključa. Premazati po vrhu biskvita (kolačića) i ostaviti da se ohladi i stegne. Otopite bijelu čokoladu u čistoj zdjeli na isti način, a zatim pokapajte linije bijele čokolade po keksima u nasumičnim uzorcima.

Keksi s orašastim plodovima

Čini 30

75 g/3 oz/1/3 šalice maslaca ili margarina, omekšalog

200 g/7 oz/malo 1 šalica željenog (superfinog) šećera

1 jaje, lagano tučeno

100 g/4 oz/½ šalice svježeg sira

5 ml/1 žličica esencije vanilije (ekstrakt)

150 g/5 oz/1¼ šalice glatkog (višenamjenskog) brašna

25 g/1 oz/¼ šalice kakaa (nezaslađene čokolade) u prahu

2,5 ml/½ žličice praška za pecivo

1,5 ml/¼ žličice sode bikarbone (soda bikarbona)

Prstohvat soli

25 g/1 oz/¼ šalice nasjeckanih miješanih orašastih plodova

25 g/1 oz/2 žlice granuliranog šećera

Miksajte maslac ili margarin i šećer dok ne postane svijetlo i pjenasto. Postupno umiješajte jaje i svježi sir. Umiješajte preostale sastojke osim granuliranog šećera i zamijesite mekano tijesto. Zamotajte u prozirnu foliju (plastičnu foliju) i ohladite 1 sat.

Od tijesta oblikujte kuglice veličine oraha i uvaljajte ih u kristalni šećer. Stavite kekse (kolačiće) na podmazan lim za pečenje (kolačiće) i pecite u prethodno zagrijanoj pećnici na 180°C/350°F/plinska oznaka 4 10 minuta.

Njemački ledeni keksi

Čini 12

50 g/2 oz/¼ šalice maslaca ili margarina

100 g/4 oz/1 šalica glatkog (višenamjenskog) brašna

25 g/1 oz/2 žlice sitnog (superfinog) šećera

60 ml/4 žlice džema od kupina (sačuvati)

100 g/4 oz/2/3 šalice šećera u prahu (poslastičarskog), prosijanog

15 ml/1 žlica soka od limuna

Utrljajte maslac u brašno dok smjesa ne podsjeća na krušne mrvice. Umiješajte šećer i protisnite u pastu. Razvaljati na 5 mm/¼ debljine i rezati kalupom za kekse. Stavite na podmazan lim za pečenje (kolačiće) i pecite u prethodno zagrijanoj pećnici na 180°C/350°F/plinska oznaka 6 10 minuta dok se ne ohladi. Ostaviti da se ohladi.

Sendvič pare keksa zajedno sa marmeladom. Stavite šećer u prahu u posudu i napravite udubljenje u sredini. Postupno umiješajte limunov sok kako biste napravili glacé glazuru (glazuru). Prelijte preko biskvita, pa ostavite da se stegne.

Gingersnaps

Čini 24

300 g/10 oz/1¼ šalice maslaca ili margarina, omekšalog

225 g/8 oz/1 šalica mekog smeđeg šećera

75 g/3 oz/¼ šalice crnog melase (melase)

1 jaje

250 g/9 oz/2¼ šalice glatkog (višenamjenskog) brašna

10 ml/2 žličice sode bikarbone (soda bikarbona)

2,5 ml/½ žličice soli

5 ml/1 žličica mljevenog đumbira

5 ml/1 žličica mljevenih klinčića

5 ml/1 žličica mljevenog cimeta

50 g/2 oz/¼ šalice granuliranog šećera

Pomiješajte maslac ili margarin, smeđi šećer, melasu i jaje dok ne postane pjenasto. Pomiješajte brašno, sodu bikarbonu, sol i začine. Umiješajte u smjesu maslaca i zamijesite čvrsto tijesto. Pokrijte i ohladite 1 sat.

Od tijesta oblikujte male kuglice i uvaljajte ih u kristalni šećer. Stavite dobro razmaknute na podmazan lim za pečenje (kolačiće) i poškropite s malo vode. Pecite u prethodno zagrijanoj pećnici na 190°C/375°F/plin 5 12 minuta dok ne postanu zlatne i hrskave.

Keksi od đumbira

Čini 24

100 g/4 oz/½ šalice maslaca ili margarina

225 g/8 oz/2 šalice samodizajućeg (samodizajućeg) brašna

5 ml/1 žličica sode bikarbone (soda bikarbona)

5 ml/1 žličica mljevenog đumbira

100 g/4 oz/½ šalice sitnog (superfinog) šećera

45 ml/3 žlice zlatnog (svijetlog kukuruznog) sirupa, zagrijanog

Maslac ili margarin utrljajte u brašno, sodu bikarbonu i đumbir. Umiješajte šećer, zatim umiješajte sirup i zamijesite čvrsto tijesto. Razvaljajte kuglice veličine oraha, dobro razmaknute na podmazan lim za pečenje (kolačiće) i lagano pritisnite vilicom da se spljošti. Pecite kekse (kolačiće) u prethodno zagrijanoj pećnici na 190°C/375°F/plin oznaka 5 10 minuta.

Medenjaci

Čini oko 16

350 g/12 oz/3 šalice samodizajućeg (samodizajućeg) brašna

Prstohvat soli

10 ml/2 žličice mljevenog đumbira

100 g/4 oz/1/3 šalice zlatnog (svijetlog kukuruznog) sirupa

75 g/3 oz/1/3 šalice maslaca ili margarina

25 g/1 oz/2 žlice sitnog (superfinog) šećera

1 jaje, lagano tučeno

Nekoliko ribiza (po želji)

Pomiješajte brašno, sol i đumbir. U tavi otopiti sirup, maslac ili margarin i šećer. Ostavite da se malo prohladi pa umiješajte u suhe sastojke sa jajetom i zamijesite čvrsto tijesto. Razvaljajte na lagano pobrašnjenoj površini na 5 mm/¼ debljine i izrežite oblikovanim rezačima. Broj koji možete napraviti ovisit će o veličini vaših rezača. Stavite na lagano podmazan lim za pečenje (kolačiće) i nježno utisnite ribizle u kekse (kolačiće) za oči i gumbe, ako želite. Pecite u prethodno zagrijanoj pećnici na 180°C/350°F/plinska oznaka 4 15 minuta dok ne porumene i postanu čvrsti na dodir.

Keksi od đumbira od integralnog brašna

Čini 24

200 g/7 oz/1¾ šalice integralnog (cjelovitog) brašna

10 ml/2 žličice praška za pecivo

10 ml/2 žličice mljevenog đumbira

100 g/4 oz/½ šalice maslaca ili margarina

50 g/2 oz/¼ šalice mekog smeđeg šećera

60 ml/4 žlice bistrog meda

Pomiješajte brašno, prašak za pecivo i đumbir. Otopite maslac ili margarin sa šećerom i medom pa umiješajte u suhe sastojke i zamijesite čvrsto tijesto. Razvaljajte na pobrašnjenoj podlozi i kalupom za biskvit (kolačiće) izrežite krugove. Stavite na podmazan lim za pečenje (kolačiće) i pecite u prethodno zagrijanoj pećnici na 190°C/375°F/plinska oznaka 5 12 minuta dok ne porumene i postanu hrskavi.

Keksi od đumbira i riže

Čini 12

225 g/8 oz/2 šalice glatkog (višenamjenskog) brašna

2,5 ml/½ žličice mljevene mace

10 ml/2 žličice mljevenog đumbira

75 g/3 oz/1/3 šalice maslaca ili margarina

175 g/6 oz/¾ šalice sitnog (superfinog) šećera

1 jaje, tučeno

5 ml/1 žličica soka od limuna

30 ml/2 žlice mljevene riže

Pomiješajte brašno i začine, utrljajte maslac ili margarin dok smjesa ne bude poput krušnih mrvica, pa umiješajte šećer. Umiješajte jaje i limunov sok u čvrsto tijesto i lagano mijesite dok ne bude glatko. Pospite radnu površinu mljevenom rižom i razvaljajte tijesto na 1 cm/½ debljine. Izrežite kalupom za biskvite (kolačiće) na krugove veličine 5 cm/2. Složite u podmazan lim za pečenje (kolačiće) i pecite u prethodno zagrijanoj pećnici na 180°C/350°F/plinska oznaka 4 20 minuta dok ne budu čvrsti na dodir.

Zlatni keksi

Čini 36

75 g/3 oz/1/3 šalice maslaca ili margarina, omekšalog

200 g/7 oz/malo 1 šalica željenog (superfinog) šećera

2 jaja, lagano tučena

225 g/8 oz/2 šalice glatkog (višenamjenskog) brašna

10 ml/2 žličice praška za pecivo

5 ml/1 žličica naribanog muškatnog oraščića

Prstohvat soli

Jaje ili mlijeko za glazuru

Žestoki (superfini) šećer za posipanje

Pjenasto izradite maslac ili margarin i šećer. Postupno umiješajte jaja, zatim umiješajte brašno, prašak za pecivo, muškatni oraščić i sol te zamijesite mekano tijesto. Pokrijte i ostavite da odstoji 30 minuta.

Razvaljajte tijesto na lagano pobrašnjenoj površini na oko 5 mm/¼ debljine i izrežite krugove kalupom za kekse. Stavite u podmazan lim za pečenje (kolačiće), premažite razmućenim jajetom ili mlijekom i pospite šećerom. Pecite u prethodno zagrijanoj pećnici na 200°C/400°F/plinska oznaka 6 8-10 minuta dok ne porumene.

Keksi s lješnjacima

Čini 24

100 g/4 oz/½ šalice maslaca ili margarina, omekšalog

50 g/2 oz/¼ šalice sitnog (superfinog) šećera

100 g/4 oz/1 šalica glatkog (višenamjenskog) brašna

25 g/1 oz/¼ šalice mljevenih lješnjaka

Miksajte maslac ili margarin i šećer dok ne postane svijetlo i pjenasto. Postupno dodajte brašno i orahe dok ne dobijete čvrsto tijesto. Razvaljajte u male loptice i stavite, dobro razmaknute, na podmazan lim za pečenje (kolačiće). Pecite kekse (kolačiće) u prethodno zagrijanoj pećnici na 180°C/plin oznaka 4 20 minuta.

Hrskavi keksi s lješnjacima

Čini 40

100 g/4 oz/½ šalice maslaca ili margarina, omekšalog

100 g/4 oz/½ šalice sitnog (superfinog) šećera

1 jaje, tučeno

5 ml/1 žličica esencije vanilije (ekstrakt)

175 g/6 oz/1½ šalice glatkog (višenamjenskog) brašna

50 g/2 oz/½ šalice mljevenih lješnjaka

50 g/2 oz/½ šalice nasjeckanih lješnjaka

Miksajte maslac ili margarin i šećer dok ne postane svijetlo i pjenasto. Postupno umiješajte jaje i agencu vanilije, zatim dodajte brašno, mljevene lješnjake i lješnjake te zamijesite tijesto. Razvaljajte u kuglu, zamotajte u clingfim (plastičnu foliju) i ohladite 1 sat.

Razvaljajte tijesto na 5 mm/¼ debljine i izrežite krugove kalupom za kekse. Složite u podmazan lim za pečenje (kolačiće) i pecite u prethodno zagrijanoj pećnici na 200°C/400°F/plinska oznaka 6 10 minuta dok ne porumene.

Keksi od lješnjaka i badema

Čini 24

100 g/4 oz/½ šalice maslaca ili margarina, omekšalog

75 g/3 oz/½ šalice šećera u prahu (slastičarskog), prosijanog

50 g/2 oz/1/3 šalice mljevenih lješnjaka

50 g/2 oz/1/3 šalice mljevenih badema

100 g/4 oz/1 šalica glatkog (višenamjenskog) brašna

5 ml/1 žličica esencije badema (ekstrakt)

Prstohvat soli

Miksajte maslac ili margarin i šećer dok ne postanu svijetli i pjenasti. Umiješajte preostale sastojke da dobijete čvrsto tijesto. Razvaljajte u kuglu, prekrijte prozirnom folijom (plastičnom folijom) i ohladite 30 minuta.

Razvaljajte tijesto na oko 1 cm/½ debljine i izrežite krugove kalupom za kekse. Stavite na podmazan lim za pečenje (kolačiće) i pecite u prethodno zagrijanoj pećnici na 180°C/350°F/plinska oznaka 4 15 minuta dok ne porumene.

Medeni kolačići

Čini 24

75 g/3 oz/1/3 šalice maslaca ili margarina

100 g/4 oz/1/3 šalice kompleta meda

225 g/8 oz/2 šalice integralnog (cjelovitog) brašna

5 ml/1 žličica praška za pecivo

Prstohvat soli

50 g/2 oz/¼ šalice muscovado šećera

5 ml/1 žličica mljevenog cimeta

1 jaje, lagano tučeno

Otopite maslac ili margarin i med dok se ne sjedine. Umiješajte preostale sastojke. Žličnjake smjese dobro razdvojite na podmazan lim za pečenje (kolačiće) i pecite u prethodno zagrijanoj pećnici na 180°C/350°F/plin oznaka 4 15 minuta dok ne porumene. Ostavite da se ohladi 5 minuta prije prebacivanja na rešetku da se završi hlađenje.

Ratafije od meda

Čini 24

2 bjelanjka

100 g/4 oz/1 šalica mljevenih badema

Nekoliko kapi esencije badema (ekstrakt)

100 g/4 oz/1/3 šalice bistrog meda

Rižin papir

Od bjelanjaka istucite čvrsti snijeg. Pažljivo umiješajte bademe, esenciju badema i med. Stavite žlice smjese dobro odvojene na limove za pečenje (kolačiće) obložene rižinim papirom i pecite u prethodno zagrijanoj pećnici na 180°C/350°F/plin oznaka 4 15 minuta dok ne porumene. Ostavite da se malo ohladi, a zatim potrgajte papir da ga uklonite.

Keksi od meda i mlaćenice

Čini 12

50 g/2 oz/¼ šalice maslaca ili margarina

225 g/8 oz/2 šalice samodizajućeg (samodizajućeg) brašna

175 ml/6 tečnih oz/¾ šalice mlaćenice

45 ml/3 žlice bistrog meda

Maslac ili margarin utrljajte u brašno dok smjesa ne bude poput krušnih mrvica. Umiješajte mlaćenicu i med i zamijesite čvrsto tijesto. Stavite na lagano pobrašnjenu podlogu i mijesite dok ne bude glatko, zatim razvaljajte na 2 cm/¾ debljine i izrežite na 5 cm/2 kruga kalupom za kekse. Stavite na podmazan lim za pečenje (kolačiće) i pecite u prethodno zagrijanoj pećnici na 230°C/450°F/plinska oznaka 8 10 minuta dok ne porumene.

Keksi s limunovim maslacem

Čini 20

100 g/4 oz/1 šalica mljevene riže

100 g/4 oz/1 šalica glatkog (višenamjenskog) brašna

75 g/3 oz/1/3 šalice sitnog (superfinog) šećera

Prstohvat soli

2,5 ml/½ žličice praška za pecivo

100 g/4 oz/½ šalice maslaca ili margarina

Naribana korica 1 limuna

1 jaje, tučeno

Pomiješajte mljevenu rižu, brašno, šećer, sol i prašak za pecivo. Utrljajte maslac dok smjesa ne nalikuje krušnim mrvicama. Umiješajte limunovu koricu i pomiješajte s dovoljno jaja da dobijete čvrsto tijesto. Lagano premijesiti, zatim razvaljati na pobrašnjenoj podlozi i kalupom za biskvit (keksiće) rezati oblike. Stavite na podmazan lim za pečenje (kolačiće) i pecite u prethodno zagrijanoj pećnici na 180°C/350°F/plinska oznaka 4 30 minuta. Ostavite da se malo ohladi na limu, a zatim prebacite na rešetku da se potpuno ohladi.

Kolačići od limuna

Čini 24

100 g/4 oz/½ šalice maslaca ili margarina

100 g/4 oz/½ šalice sitnog (superfinog) šećera

1 jaje, lagano tučeno

225 g/8 oz/2 šalice glatkog (višenamjenskog) brašna

5 ml/1 žličica praška za pecivo

Naribana korica ½ limuna

5 ml/1 žličica soka od limuna

30 ml/2 žlice demerara šećera

Otopite maslac ili margarin i šećer na laganoj vatri uz stalno miješanje dok se smjesa ne počne zgušnjavati. Maknite s vatre i umiješajte jaje, brašno, prašak za pecivo, limunovu koricu i sok te zamijesite tijesto. Pokrijte i ohladite 30 minuta.

Tijesto oblikujte u male loptice i slažite na podmazan lim za pečenje (kolačiće) pritiskajući vilicom. Pospite demerara šećerom. Pecite u prethodno zagrijanoj pećnici na 180°C/350°F/plinska oznaka 4 15 minuta.

Trenuci topljenja

Čini 16

100 g/4 oz/½ šalice maslaca ili margarina, omekšalog

75 g/3 oz/1/3 šalice sitnog (superfinog) šećera

1 jaje, tučeno

150 g/5 oz/1¼ šalice glatkog (višenamjenskog) brašna

10 ml/2 žličice praška za pecivo

Prstohvat soli

8 glacé (ušećerenih) trešanja, prepolovljenih

Miksajte maslac ili margarin i šećer dok ne postane svijetlo i pjenasto. Postupno umiješajte jaje pa dodajte brašno, prašak za pecivo i sol. Lagano mijesite glatko tijesto. Oblikujte tijesto u 16 loptica jednake veličine i stavite, dobro razmaknute, na podmazan lim za pečenje (kolačiće). Malo spljoštite, pa svaku stavite polovicom višnje. Pecite u prethodno zagrijanoj pećnici na 180°C/350°F/plinska oznaka 4 15 minuta. Ostavite da se ohladi na limu 5 minuta, zatim prebacite na rešetku da se dovrši hlađenje.

www.ingramcontent.com/pod-product-compliance
Lightning Source LLC
Chambersburg PA
CBHW070505120526
44590CB00013B/758